초등 국어 어휘력이 독해력이다 ✛ 플러스

# 관용어 편

## 2

# 특징

### 독해 전, 어휘 먼저 학습

<초등 국어 어휘력이 독해력이다 플러스 관용어편2>는 '어휘→문장→글'로 이어지는
3단계 학습법을 통해 어휘력과 독해력을 체계적으로 기를 수 있도록 구성했습니다.

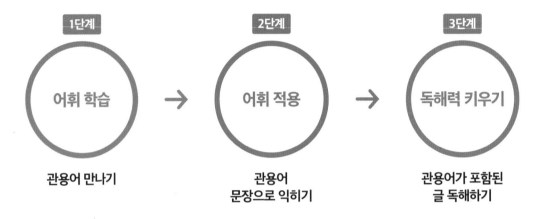

### 교과 어휘, 교과 연계 주제

<초등 국어 어휘력이 독해력이다 플러스 관용어편2>의 학습 어휘는 교과서에서 자주 사용되
는 어휘를 선별하여 구성했습니다. 그리고 교과 내용과 밀접하게 연계된 주제로 지문을 구성했
습니다. 교과 어휘로 어휘력을 키우고, 교과 연계 주제로 독해력을 키우는 동시에 교과 수업도
미리 준비할 수 있습니다.

▶ **3학년** 국어, 도덕
▶ **4학년** 국어, 과학, 사회, 도덕
▶ **5학년** 국어, 과학, 사회

### 다양한 관용어 학습으로 어휘력 쑥쑥

<초등 국어 어휘력이 독해력이다 플러스 관용어편1>에서는 가장 흔히 쓰이는, 사람의 몸과 관
련된 관용어를 학습했습니다. <초등 국어 어휘력이 독해력이다 플러스 관용어편2>에서는 사람
뿐만 아니라 음식, 자연, 사물, 동물과 관련된 다양한 주제의 관용어를 학습함으로써 풍부한 어
휘력을 기를 수 있도록 했습니다.

학습 어휘, 본문에 나오는 어휘의 뜻과 예문은 국립국어원 <표준국어대사전>과 <한국어기초
사전>을 참고했습니다.

## 일상생활과 관련된 관용어 학습

관용어는 둘 이상의 단어가 결합해 원래의 뜻과는 전혀 다른 새로운 뜻으로 굳어져서 쓰이는 표현입니다. 따라서 관용어는 각 단어들의 뜻만으로는 전체 의미를 알기 어려우므로 문맥이나 상황을 바탕으로 그 뜻을 유추해야 합니다. 또한 단순히 뜻만 알아서는 관용어를 문맥에 맞게 사용하기 어려우므로 관용어의 쓰임새를 알아야 적절하게 쓸 수 있습니다. 뜻은 물론이고, 문맥과 쓰임새까지 알아야 하는 관용어 학습법은 기존의 어휘 학습법과 다르기 때문에 아이들이 어렵고 낯설게 느낄 수 있습니다.

<초등 국어 어휘력이 독해력이다 플러스 관용어편2>는 음식, 자연, 사물, 사람, 동물 등 아이들이 일상에서 쉽게 접할 수 있는 '일상생활'과 관련된 관용어로 구성되어 있습니다. 따라서 아이들이 관용어를 쉽고 재미있게 학습할 수 있으며, 일상생활에서 관용어를 자연스럽게 활용할 수 있을 것입니다.

쥐도 새도 모르게

주머니가 넉넉하다

문을 닫다

## 관용어 뜻, 쓰임새까지 한 번에!

<초등 국어 어휘력이 독해력이다 플러스 관용어편2>에서는 관용어의 뜻을 배운 뒤, 예문을 통해 문장 내에서 관용어가 어떻게 쓰이는지 실제 쓰임새까지 한 번에 배울 수 있습니다. 이를 통해 아이들은 각 상황에 적절한 관용어를 사용하는 능력, 관용어를 활용해서 자신의 생각을 효과적으로 나타내는 능력을 기를 수 있습니다.

# 구성

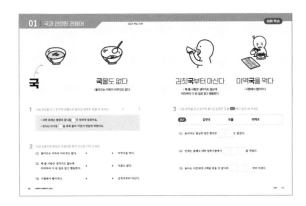

## 1단계 어휘 학습

### 이미지로 배우는 학습 어휘
이미지를 통해 학습 어휘인 관용어의 의미를 직관적으로 이해하고, 쉽고 재미있게 익힙니다.

### 유형별 학습
빈칸 채우기, 선 긋기 등 여러 유형의 문제를 풀면서 관용어의 뜻을 다시 한번 확인합니다.

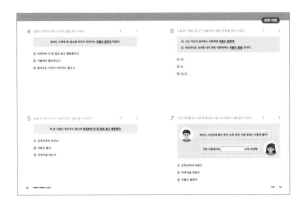

## 2단계 어휘 적용

### 예문으로 쓰임새 알기
학습 어휘가 포함된 문장을 통해 관용어의 쓰임새를 확인합니다.

### 관용어에 따른 의미 변화 알기
관용어가 사용된 문장과 관용어가 사용되지 않은 문장을 비교하면서, 관용어에 의해 문장의 의미가 어떻게 달라지는지 알 수 있습니다.

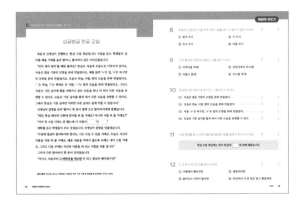

## 3단계 독해력 키우기

### 교과 연계 지문으로 교과 학습 준비
교과 내용과 연계된 지문을 읽으며 교과 학습에 도움이 되는 다양한 배경지식을 쌓을 수 있습니다.

### 유형별 독해 문제
주제 찾기, 세부 사항, 빈칸 추론 등 다양한 유형의 문제를 풀면서 독해력을 키울 수 있습니다.

## 확인 학습

앞서 배운 관용어와 관련된 문제를 풀면서 관용어를 다시
한번 복습합니다.

## 쉬어가기

해당 단원에서 다룬 주제와 관련된 관용어, 속담에 대해
알아봅니다. 또는 주제와 관련된 다의어, 동형어에 대해
알아봅니다.

## 관용어 진단 평가

실제 시험과 유사한 형태의 문제를 풀며 앞서 학습했던
관용어를 확인하고 학교 시험에도 대비할 수 있습니다.

# 차례

# 글 주제 / 교과 연계

# 1단원 '음식'

국과 관련된 관용어

떡과 관련된 관용어

밥과 관련된 관용어

죽과 관련된 관용어

# 국물도 없다

: 돌아오는 이득이 아무것도 없다.

**1** 다음 문장을 읽고 빈칸에 공통으로 들어갈 알맞은 말을 써 보세요.          (          )

- 식탁 위에는 쌀밥과 콩나물 ☐ 이 차려져 있었어요.
- 진서는 뜨거운 ☐ 을 후후 불어 가면서 맛있게 먹었어요.

**2** 다음 뜻풀이에 알맞은 관용어를 찾아 선으로 이어 보세요.

(1) 돌아오는 이득이 아무것도 없다.          ●          ●          미역국을 먹다.

(2) 해 줄 사람은 생각지도 않는데
    미리부터 다 된 일로 알고 행동한다.    ●          ●          국물도 없다.

(3) 시험에서 떨어지다.          ●          ●          김칫국부터 마신다.

# 김칫국부터 마신다

: 해 줄 사람은 생각지도 않는데
미리부터 다 된 일로 알고 행동한다.

# 미역국을 먹다

: 시험에서 떨어지다.

**3** 다음 문장을 읽고 빈칸에 들어갈 알맞은 말을 <보기>에서 골라 써 보세요.

| 보기 | 김칫국 | 국물 | 미역국 |
|------|--------|------|--------|

(1) 윤식이는 열심히 일만 했지만 [　　]도 없었다.

(2) 민재는 올해도 대학 입학시험에서 [　　　]을 먹었다.

(3) 윤아는 지호에게 고백을 받을 것 같다며 [　　　]부터 마셨다.

**4** 밑줄 친 부분과 뜻이 비슷한 말을 골라 보세요.                    (          )

> 엄마는 나에게 방 청소를 마치기 전까지는 **국물도 없다고** 하셨다.

① 미리부터 다 된 일로 알고 행동한다고

② 시험에서 떨어진다고

③ 돌아오는 이득이 아무것도 없다고


**5** 밑줄 친 부분과 바꾸어 쓸 수 있는 말을 골라 보세요.                    (          )

> 떡 줄 사람은 생각지도 않는데 **미리부터 다 된 일로 알고 행동한다.**

① 김칫국부터 마신다.

② 국물도 없다.

③ 미역국을 먹는다.

**6** 다음 중 '국물도 없다'가 관용어로 사용된 문장을 골라 보세요.   (        )

> ㉠ 그는 자신이 싫어하는 사람에겐 **국물도 없었다.**
>
> ㉡ 내년부터는 성과를 내지 못한 사람에게는 **국물도 없을** 것이다.

① ㉠

② ㉡

③ ㉠, ㉡

**7** 다음 대화를 읽고 빈칸에 들어갈 내용으로 알맞은 것을 골라 보세요.   (        )

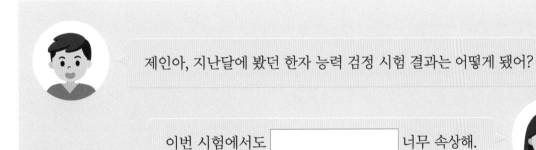

제인아, 지난달에 봤던 한자 능력 검정 시험 결과는 어떻게 됐어?

이번 시험에서도 　　　　　　 너무 속상해.

① 김칫국부터 마셨어.

② 미역국을 먹었어.

③ 국물도 없었어.

# 싱글벙글 한글 교실

최윤성 선생님이 진행하는 한글 수업 첫날입니다. 수업을 듣는 학생들은 글자를 배울 기회를 놓친 할머니, 할아버지 같은 어르신들입니다.

"먼저 제자 원리*를 배워 볼까요? 한글은 자음과 모음으로 이루어져 있어요. 자음은 발음 기관의 모양을 본떠 만들었어요. 예를 들면 'ㅁ'은 입, 'ㅇ'은 목구멍의 모양을 본떠 만들었지요. 모음은 하늘, 사람, 땅의 모습을 본떠 만들었어요. 'ㆍ'는 하늘, 'ㅣ'는 똑바로 선 사람, 'ㅡ'는 땅의 모습을 본떠 만들었지요. 그리고 자음은 기본 글자에 획을 더하거나 같은 자음을 하나 더 써서 다른 자음을 표현할 수 있어요. 모음은 기본 글자를 합쳐 써서 다른 모음을 표현할 수 있어요. 그래서 한글은 기본 글자만 익히면 다른 글자도 쉽게 익힐 수 있답니다"

선생님의 설명을 듣던 할머니 한 분이 함께 오신 할아버지에게 말했습니다.

"영감, 한글 배우면 나한테 편지를 써 줄 거예요? 아니면 시를 써 줄 거예요?"

"아직 첫 수업 시작도 안 했는데 이 사람이 [　　ㄱ　　]"

대화를 듣고 학생들이 모두 웃었습니다. 선생님이 설명을 덧붙였습니다.

"수업에 열심히 참여하시면 편지도, 시도 쓰실 수 있을 거예요. 오늘은 자신의 이름을 직접 써 볼 거예요. 배운 내용을 까먹지 않도록 숙제도 내어 드릴 거예요. 그리고 다음 주에는 자신의 이름을 써 보는 시험을 치를 겁니다."

그러자 다른 할아버지 한 분이 외치셨습니다.

"아이고, 처음부터 ㄴ**미역국을 먹으면** 안 되니 열심히 해야겠구먼!"

---

*제자 원리: 한글을 만드는 과정에서 적용된 여러 가지 이론과 방법들을 통칭해서 부르는 원리.

**8** 최윤성 선생님이 다음 주에 어떤 시험을 본다고 했는지 골라 보세요. (　　)

① 편지 쓰기　　　　　② 시 쓰기

③ 주소 쓰기　　　　　④ 이름 쓰기

**9** ㉠에 들어갈 관용어로 알맞은 것을 골라 보세요. (　　)

① 미역국을 먹네!　　　② 김칫국부터 마시네!

③ 국물도 없네!　　　　④ 국수를 먹네!

**10** 한글에 대한 설명으로 맞으면 ○, 틀리면 ✕ 하세요.

(1) 자음은 발음 기관의 모양을 본떠 만들었다. ……… (　　)

(2) 모음은 하늘, 사람, 땅의 모습을 본떠 만들었다. ……… (　　)

(3) 자음 'ㅁ'은 목구멍, 'ㅇ'은 입의 모양을 본떠 만들었다. ……… (　　)

(4) 모음은 기본 글자를 합쳐 써서 다른 모음을 표현할 수 있다. ……… (　　)

**11** 다음 문장을 읽고 빈칸에 들어갈 알맞은 말을 글에서 찾아 써 보세요. (　　)

> 한글 수업 첫날에는 먼저 한글의 [　　] 에 대해 배웠습니다.

**12** ㉡과 뜻이 비슷한 말을 골라 보세요. (　　)

① 시험에서 떨어지면　　② 생일이라면

③ 돌아오는 이득이 없다면　④ 미리부터 다 된 일로 알고 행동하면

떡

# 떡이 생기다

: 뜻밖에 이익이 생기다.

**1** 다음 문장을 읽고 빈칸에 공통으로 들어갈 알맞은 말을 써 보세요.          (          )

> • 윤주는 ☐ 중에서 추석 때 먹는 송편을 가장 좋아해요.
>
> • 할머니께서 ☐을 잔뜩 쪄서 이웃에게 나누어 주셨어요.

**2** 다음 뜻풀이에 알맞은 관용어를 찾아 선으로 이어 보세요.

(1) 뜻밖에 이익이 생기다.          •                    •  떡 먹듯

(2) 하고 싶은 대로 마음대로 다루다.     •                    •  떡 주무르듯 하다.

(3) 늘 하듯이 쉽게.          •                    •  떡이 생기다.

# 떡 주무르듯 하다

: 하고 싶은 대로 마음대로 다루다.

# 떡 먹듯

: 늘 하듯이 쉽게.

**3** 다음 문장을 읽고 빈칸에 들어갈 알맞은 말을 **보기** 에서 골라 써 보세요.

| **보기** | 주무르듯 | 먹듯 | 생기는 |
|---|---|---|---|

(1) 우경이는 자기 마음대로 동생을 떡 ☐☐☐☐ 했다.

(2) 소현이는 떡이 ☐☐☐ 일이라면 무엇이든 했다.

(3) 원호는 거짓말을 떡 ☐☐ 한다.

**4** 밑줄 친 부분과 뜻이 비슷한 말을 골라 보세요.　　　　　　　　　（　　　　）

> 그는 친구들을 **떡 주무르듯 하며** 온갖 힘든 일을 다 시켰다.

① 하고 싶은 대로 마음대로 다루며

② 늘 하듯이 쉽게

③ 뜻밖에 이익이 생기며

**5** 밑줄 친 부분과 바꾸어 쓸 수 있는 말을 골라 보세요.　　　　　　　（　　　　）

> 승재는 어려운 문제를 **늘 하듯이 쉽게** 풀고는 시험지를 제출했다.

① 떡 주무르듯

② 떡 먹듯

③ 떡이 생기듯

**6** 다음 중 '떡이 생기다'가 관용어로 사용된 문장을 골라 보세요. ( )

> ㉠ 정아는 **떡이 생겼으니** 먹어 보라며 친구들에게 하나씩 나눠 주었다.
>
> ㉡ 윤호는 아무것도 하지 않으면서 **떡이 생기기만을** 기다렸다.

① ㉠

② ㉡

③ ㉠, ㉡

**7** 다음 일기를 읽고 빈칸에 들어갈 내용으로 알맞은 것을 골라 보세요. ( )

> **20○○년 3월 ○일**
>
> 독서 모임에 참여하기 위해 친구들과 함께 도서관 1층에 있는 회의실로 갔다. 회의실에는 6학년 형도 있었는데, 그 형은 나이가 제일 많다는 이유로 우리를 [ ] 책 반납, 회의실 뒷정리 같은 일은 전부 우리에게 시켜서 기분이 무척 나빴다.

① 떡이 생겼다.

② 떡 먹듯 했다.

③ 떡 주무르듯 했다.

# 자신과 한 약속을 지켜요

여름 방학 첫날, 동네 마트에서 진행한 이벤트에 주영이네 엄마께서 당첨되어 어린이용 자전거 한 대를 받으셨습니다. 주영이는 갑자기 ㉠**떡이 생겼다며** 무척 좋아했습니다. 주영이는 여름 방학 동안 매일 한 시간씩 자전거를 타며 체력을 기르겠다고 다짐했습니다. 그래서 그날 저녁부터 일주일 동안 하루도 빼먹지 않고 한 시간씩 자전거를 탔습니다.

그런데 날씨가 점점 더워지자 주영이는 자전거를 타고 싶지 않았습니다. 침대에 누워서 스마트폰으로 게임만 하는 주영이에게 엄마가 물으셨습니다.

"주영아, 방학 동안 자전거를 매일 탈 거라고 하더니……. 오늘은 안 타니?"

엄마의 말씀을 듣고 당황한 주영이는 둘러댈 말을 찾다가 어쩔 수 없이 거짓말을 하고 말았습니다.

"오늘은 낮에 탔어요. 친구들이 자전거 같이 타자고 했거든요."

주영이는 그 뒤로도 부모님께서 물어보실 때마다 자전거를 타지 않았으면서 자전거를 탔다고 거짓말을 〔 ㉡ 〕 했습니다.

어느새 여름 방학이 끝나 가고 있었습니다. 주영이는 여름 방학이 끝나는 날이 다가올수록 마음이 점점 불편해졌습니다. 처음에는 자전거를 타지 않고 노는 것이 좋았지만 시간이 지날수록 자신과 한 약속을 어기는 것도, 부모님께 거짓말하는 것도 정직하지 못한 행동이라는 생각이 들었기 때문입니다.

주영이는 자신과 한 약속을 지키기 위해 다시 자전거를 탔습니다. 자전거를 타며 주영이는 스스로의 다짐을 지켰다는 생각에 뿌듯함을 느꼈습니다.

**8** 주영이는 체력을 기르기 위해 무엇을 하겠다고 다짐했는지 골라 보세요. (　　　)

① 달리기　　　　　　　　② 그네 타기

③ 줄넘기　　　　　　　　④ 자전거 타기

**9** ㉠과 뜻이 비슷한 말을 골라 보세요. (　　　)

① 늘 하듯이 쉬웠다며　　　② 하고 싶은 대로 마음대로 다루었다며

③ 뜻밖에 이익이 생겼다며　④ 음식을 배불리 먹었다며

**10** 이 글을 읽고 올바르게 말한 친구를 모두 골라 보세요. 2개 (　　　)

① **아람**: 주영이의 자전거는 엄마께서 이벤트에 당첨돼서 받아 오신 거야.

② **민지**: 주영이는 여름 방학 동안 하루도 빼먹지 않고 자전거를 한 시간씩 탔어.

③ **준우**: 주영이는 자신과의 약속을 어기는 것이 정직하지 못한 행동이라고 생각했어.

④ **세호**: 주영이는 거짓말을 들켜서 부모님께 혼난 뒤부터 다시 자전거를 탔어.

**11** 다음 문장을 읽고 빈칸에 들어갈 알맞은 말을 글에서 찾아 써 보세요. (　　　)

> 자전거를 타며 주영이는 스스로의 다짐을 지켰다는 생각에 　□　을 느꼈습니다.

**12** ㉡에 들어갈 관용어로 알맞은 것을 골라 보세요. (　　　)

① 떡이 생기듯　　　　　　② 떡 먹듯

③ 떡 주무르듯　　　　　　④ 그림의 떡처럼

# 밥 먹듯 하다

: 어떤 일을 아주 자주 하다.

**1** 다음 문장을 읽고 빈칸에 공통으로 들어갈 알맞은 말을 써 보세요.　　　　　(　　　　　　)

> • 지수는 다이어트 중이라며 ☐ 을 반만 남기고 덜어 냈어요.
> • 민규는 일이 바빠서 온종일 ☐ 을 한 끼밖에 못 먹었어요.

**2** 다음 뜻풀이에 알맞은 관용어를 찾아 선으로 이어 보세요.

(1) 어떤 일을 아주 자주 하다. ●　　　　　　● 밥 먹듯 하다.

(2) 오랜만에 밥을 먹다. ●　　　　　　● 한솥밥을 먹다.

(3) 함께 생활하며 지내다. ●　　　　　　● 밥 구경을 하다.

**밥** 구경을 하다

: 오랜만에 밥을 먹다.

한솥**밥**을 먹다

: 함께 생활하며 지내다.

**3** 다음 문장을 읽고 빈칸에 들어갈 알맞은 말을 보기 에서 골라 써 보세요.

| 보기 | 구경을 | 한솥밥을 | 먹듯 |
|---|---|---|---|

(1) 두 친구는 ⬚⬚⬚ 먹는 사이가 되자 더욱 가까워졌다.

(2) 요즈음 어머니는 일이 많아서 야근을 밥 ⬚⬚ 하고 계신다.

(3) 경규는 살을 빼느라 밥 ⬚⬚⬚ 한 지 오래되었다.

**4** 밑줄 친 부분과 뜻이 비슷한 말을 골라 보세요.　　　　　　　　（　　　）

> 그는 배탈이 나서 아무것도 먹지 못하다가 오늘에서야 **밥 구경을 했다.**

① 일을 아주 자주 했다.

② 오랜만에 밥을 먹었다.

③ 함께 생활하며 지냈다.

**5** 밑줄 친 부분과 바꾸어 쓸 수 있는 말을 골라 보세요.　　　　　　　（　　　）

> 수진이는 평소에 거짓말을 **아주 자주 해서** 믿을 수 없다.

① 한솥밥을 먹어서

② 밥 구경을 해서

③ 밥 먹듯 해서

**6** 다음 중 관용어 '한솥밥을 먹다'를 바르게 사용한 친구를 골라 보세요.                    (          )

> 현우: 우리 형은 **한솥밥을 먹듯** 운동을 하더니 국가 대표 선수가 됐어.
>
> 수영: 합숙 훈련을 하면서 **한솥밥을 먹는** 동안 연재랑 부쩍 친해졌어.

① 현우

② 수영

③ 현우, 수영

**7** 다음 일기를 읽고 빈칸에 들어갈 내용으로 알맞은 것을 골라 보세요.                    (          )

> **20○○년 3월 ○일**
>
> 아빠와 함께 사진첩을 보았다. 아빠의 어릴 적 모습을 보니 신기했고, 지금 내 모습과 닮았다는 생각이 들었다. 아빠께서 어린 시절 얘기도 해 주셨다. 그때는 가난해서 며칠 동안 [          ] 못하고 지내기 일쑤였다고 하셨는데, 그 말을 들으니 슬펐다.

① 밥 구경도

② 밥 먹듯 하지

③ 한솥밥을 먹지

# 무엇이 가장 중요할까?

　친구들이 모여 그림 그리기 대회에서 상을 받은 다원이를 축하해 주었어요.

　"축하해! 같은 동아리에서 ㉠**한솥밥을 먹는** 친구가 상을 받으니까 기쁘다."

　"고마워. 너희가 선물로 준 색연필로 그림을 그렸는데, 상까지 받아서 더 기뻐. 그리고 색연필로 그림을 그렸더니 여러 색을 활용할 수 있고, 생생하게 표현할 수 있어서 좋았어. 이제 색연필은 내게 가장 중요한 학용품이 되었어."

　다원이의 말을 들은 지형이가 말했어요.

　"다원이에겐 색연필이 중요하구나. 나는 학용품 중에 연필이 가장 중요하다고 생각해. 내 생각이나 말하고 싶은 것을 글로 쓰려면 연필이 필요하잖아."

　그러자 나래가 코웃음을 치며 말했어요.

　"지우개가 가장 중요하지. 틀린 글자를 지우려면 지우개를 써야 하니까. 특히 지형이 너는 매번 글자를 틀려서 지우개를 　　　㉡　　　 사용하잖아."

　옆에서 아이들의 이야기를 듣고 계시던 선생님께서 웃으며 말씀하셨어요.

　"다원이, 지형이, 나래가 '어떤 학용품이 가장 중요할까?'라는 주제에 대해서 이야기하고 있구나. 국어 시간에 배운 대로 의견과 그 까닭까지 말했네."

　그러자 나래가 선생님은 어떤 학용품이 가장 중요하다고 생각하는지 여쭤봤어요. 선생님은 곰곰이 생각하더니 대답하셨어요.

　"선생님은 모든 학용품이 중요하다고 생각한단다. 각각의 학용품마다 쓰임새가 다르고, 하나라도 없으면 우리가 불편을 겪기 때문이지."

**8** 아이들이 어떤 주제에 대해 이야기하고 있는지 골라 보세요. ( )

① 어떤 학용품부터 써야 할까? ② 어떤 학용품을 새로 사야 할까?

③ 어떤 학용품이 가장 중요할까? ④ 어떤 학용품을 버려야 할까?

**9** ㉠과 뜻이 비슷한 말을 골라 보세요. ( )

① 밥을 무척 많이 먹는 ② 오랜만에 밥을 먹는

③ 일을 자주 하는 ④ 함께 생활하며 지내는

**10** 의견과 그 까닭을 읽고, 누구의 말인지 친구의 이름을 글에서 찾아 써 보세요.

(1) **의견**: 지우개가 제일 중요해. ·········· ( )
　　 **까닭**: 틀린 글자를 지우려면 지우개가 꼭 필요하기 때문이야.

(2) **의견**: 색연필이 제일 중요해. ·········· ( )
　　 **까닭**: 그림을 생생하게 표현할 수 있기 때문이야.

(3) **의견**: 연필이 제일 중요해. ·········· ( )
　　 **까닭**: 내 생각이나 말하고 싶은 것을 글로 쓸 수 있기 때문이야.

**11** 다음 문장을 읽고 빈칸에 들어갈 알맞은 말을 글에서 찾아 써 보세요. ( )

선생님께서는 각각의 학용품마다 [　　] 가 다르다고 하셨습니다.

**12** ㉡에 들어갈 관용어로 알맞은 것을 골라 보세요. ( )

① 밥 먹듯 ② 한솥밥을 먹으며

③ 밥을 주며 ④ 밥 구경을 하며

정답과 해설 135쪽

# 죽도 밥도 안 되다

: 어중간하여 이것도 저것도 안 되다.

**1** 다음 문장을 읽고 빈칸에 공통으로 들어갈 알맞은 말을 써 보세요. (          )

- 아빠께서 감기에 걸린 영지에게 ☐을 끓여 주셨어요.
- 영석이네 가족은 여름에 영양을 보충하기 위해 전복☐을 먹어요.

**2** 다음 뜻풀이에 알맞은 관용어를 찾아 선으로 이어 보세요.

(1) 어중간하여 이것도 저것도 안 되다. ●                    ● 죽을 쑤다.

(2) 어떤 일을 망치거나 실패하다. ●                    ● 죽 끓듯 하다.

(3) 화, 분통 등의 감정을 참지 못하여
마음속이 부글부글 끓어오르다. ●                    ● 죽도 밥도 안 되다.

## 죽을 쑤다

: 어떤 일을 망치거나 실패하다.

## 죽 끓듯 하다

: 화, 분통* 등의 감정을 참지 못하여
마음속이 부글부글 끓어오르다.

*분통: 몹시 분하여 마음이 쓰리고 아픔.

**3** 다음 문장을 읽고 빈칸에 들어갈 알맞은 말을 보기 에서 골라 써 보세요.

| 보기 | 밥도 안 된다 | 끓듯 했다 | 쑤었다 |
|---|---|---|---|

(1) 승진 심사에서 떨어진 직원들의 불만이 죽 ☐☐ ☐☐ .

(2) 일을 끝내지 않고 중간에 그만두면 죽도 ☐☐ ☐☐ ☐☐ .

(3) 오늘 수학 시험은 죽을 ☐☐☐ .

**4** 밑줄 친 부분과 뜻이 비슷한 말을 골라 보세요. ( )

> 작년에 **죽을 쑤었던** 제품은 문제의 원인을 찾아 보완한 다음 다시 출시했다.

① 어중간하여 이것도 저것도 안 되던

② 마음속이 부글부글 끓어오르던

③ 망치거나 실패했던

**5** 밑줄 친 부분과 바꾸어 쓸 수 있는 말을 골라 보세요. ( )

> 민지: 운동하기 너무 힘들어. 수영 선수 되는 거 포기할까 봐.
>
> 영규: 이제 와서 그만두면 **어중간해서 이것도 저것도 안 되는 거야.**

① 죽도 밥도 안 되는 거야.

② 죽 끓듯 하는 거야.

③ 죽을 쑤는 거야.

**6** 다음 중 '죽을 쑤다'가 관용어로 사용된 문장을 골라 보세요.　　　　(　　　　)

> ㉠ 내가 아플 때마다 할머니께서 **죽을 쑤어서** 가져다주셨어.
>
> ㉡ 오늘 농구 시합은 완전히 **죽을 쑤었어.**

① ㉠

② ㉡

③ ㉠, ㉡

**7** 다음 일기를 읽고 빈칸에 들어갈 내용으로 알맞은 것을 골라 보세요.　　　　(　　　　)

> 20○○년 4월 ○일
>
> 오늘 민재가 아주 충격적인 이야기를 해 주었다. 주혁이가 나에 대한 나쁜 소문을 퍼뜨리고 다닌다는 것이다. 나는 그동안 주혁이를 가장 친한 친구라고 생각했다. 그래서 충격을 받았고, 화가 [　　　　　　]

① 죽 끓듯 했다.

② 죽도 밥도 안 됐다.

③ 죽을 쑤었다.

# 멋쟁이 까마귀

이솝 우화

숲을 다스리는 여신이 새들을 모아 놓고 가장 아름다운 새를 뽑는 대회를 열겠다고 했어요. 새들은 연못에 모여 목욕을 하고 깃털을 다듬으며 대회를 준비했어요. 까마귀도 연못에서 몸을 닦았어요. 하지만 까만 깃털은 아무리 닦아도 아름답게 보이지 않았어요. 까마귀는 몸을 닦기만 해서는 안 될 것 같다고 생각했어요.

"이 상태로는 ㉠죽도 밥도 안 되겠지. 다른 새들의 깃털로 꾸며 보자."

까마귀는 새들이 떨어트린 깃털을 몸에 꽂았어요. 그러자 까마귀의 모습이 아주 화려하게 변했고, 까마귀처럼 보이지 않았어요. 까마귀는 공작새의 깃털까지 머리에 꽂은 뒤, 서둘러 대회 장소로 날아갔어요.

새들은 까마귀를 보고 아름다운 새라며 감탄했어요. 그때 공작새가 날아들어 까마귀의 머리에 꽂힌 깃털을 뽑아 가며 말했어요.

"이건 내 깃털이야!"

그러자 다른 새들도 날아와서 자신의 깃털을 뽑아 갔어요. 까마귀가 속임수를 썼다며 다른 새들의 불만이 ⃞ ㉡ ⃞ 했지요. 처음의 새까만 모습으로 돌아온 까마귀를 보면서 숲의 여신이 말했어요.

"까마귀야, 너의 검은 깃털도 매우 아름답단다. 알록달록한 깃털만 아름다운 게 아니야. 네 본래 모습도 충분히 아름답다는 것을 알았으면 좋겠구나."

여신의 말을 들은 까마귀는 부끄러움과 미안함에 눈물을 흘렸어요.

**8**  숲을 다스리는 여신이 무엇을 뽑는 대회를 열었는지 골라 보세요.        (        )

① 가장 깨끗한 새                    ② 가장 아름다운 새

③ 가장 까만 새                      ④ 가장 깃털이 많은 새


**9**  ㉠과 뜻이 비슷한 말을 골라 보세요.        (        )

① 마음속이 부글부글 끓어오르겠지.        ② 다른 음식을 준비해야겠지.

③ 일을 망치거나 실패하겠지.            ④ 어중간하여 이것도 저것도 안 되겠지.


**10**  일이 일어난 순서대로 번호를 써 보세요.        (        →        →        →        )

① 새들이 대회에 참가하기 위해 목욕을 하고 깃털을 다듬었습니다.

② 까마귀가 처음의 새까만 모습으로 돌아왔습니다.

③ 까마귀는 다른 새들이 떨어트린 깃털로 자신의 몸을 꾸몄습니다.

④ 공작새가 날아와서 까마귀의 머리에 꽂힌 자신의 깃털을 뽑아 갔습니다.


**11**  다음 문장을 읽고 빈칸에 들어갈 알맞은 말을 글에서 찾아 써 보세요.        (        )

> 숲의 여신은 까마귀에게 ☐ 모습도 아름답다고 말했습니다.


**12**  ㉡에 들어갈 관용어로 알맞은 것을 골라 보세요.        (        )

① 식은 죽 먹듯                    ② 죽도 밥도 안 되듯

③ 죽 끓듯                        ④ 죽 쑤듯

**1** 다음 관용어에 알맞은 뜻풀이를 찾아 선으로 이어 보세요.

(1) 국물도 없다. ● ● 늘 하듯이 쉽게.

(2) 떡 먹듯 ● ● 시험에서 떨어지다.

(3) 한솥밥을 먹다. ● ● 돌아오는 이득이 아무것도 없다.

(4) 죽도 밥도 안 되다. ● ● 어중간하여 이것도 저것도 안 되다.

(5) 미역국을 먹다. ● ● 함께 생활하며 지내다.

**2** 다음 뜻풀이에 알맞은 관용어를 보기 에서 골라 써 보세요.

| 보기 | 밥 구경을 하다 | 밥 먹듯 하다 | 떡이 생기다 | 죽을 쑤다 |

(1) 뜻밖에 이익이 생기다. (                    )

(2) 오랜만에 밥을 먹다. (                    )

(3) 어떤 일을 망치거나 실패하다. (                    )

(4) 어떤 일을 아주 자주 하다. (                    )

**3** 괄호 안에 들어갈 알맞은 말을 골라 ○ 해 보세요.

(1) 현규는 후배들을 ( 떡 / 밥 ) 주무르듯 하면서 온갖 심부름을 시켰다.

(2) 심판이 불공정했다는 것이 알려지자 참가자들의 분노가 ( 국 / 죽 ) 끓듯 했다.

(3) 윤아는 선물 상자를 보더니 고백받을 것 같다며 ( 김칫국 / 미역국 )부터 마셨다.

**4** 괄호 안에 들어갈 알맞은 말을 **보기** 에서 골라 써 보세요.

| 보기 | 죽 | 미역국 | 떡 | 한솥밥 |
| --- | --- | --- | --- | --- |

명진이가 농구 팀에 들어오면서 우리는 (         )을 먹는 사이가 되었다. 명진이는 키가 크고 운동 실력도 뛰어나서 (         ) 먹듯 골을 넣었다. 하지만 나는 골을 거의 못 넣었고, 농구에도 흥미를 잃어서 그만두고 싶다고 말했다. 그러자 명진이는 지금 그만두면 (         )도 밥도 안 된다면서 포기하지 말고 힘을 내라며 위로해 주었다.

**5** 괄호 안에 들어갈 알맞은 말을 골라 ○ 해 보세요.

(1) 성훈이가 이번 영어 시험은 죽을 ( 쑤었다 / 끓듯 했다 )고 말했다.

(2) 민영이는 살을 빼느라 밥 ( 주무른 지 / 구경을 한 지 ) 오래되었다.

(3) 그는 떡이 ( 없는 / 생기는 ) 일이라면 무엇이든 했다.

**6** 괄호 안에 들어갈 알맞은 말을 <보기> 에서 골라 써 보세요.

| 보기 | 마신다 | 끓듯 | 없을 |
|---|---|---|---|

(1) 호진이는 친구가 거짓말을 했다는 사실을 알게 되자 화가 죽 (                    ) 했다.

(2) 떡 줄 사람은 생각지도 않는데 김칫국부터 (                    ).

(3) 엄마는 숙제를 하지 않으면 간식 시간에 국물도 (                    ) 줄 알라고 하셨다.

**7** 밑줄 친 부분과 뜻이 비슷한 관용어를 <보기> 에서 골라 그 기호를 써 보세요.

| 보기 | ㉠ 떡 주무르듯 하다 | ㉡ 밥 먹듯 하다 | ㉢ 미역국을 먹다 |
|---|---|---|---|

(1) 재연이는 벌써 두 번이나 **시험에서 떨어졌다**.                    (          )

(2) 그는 어렸을 때부터 고생을 **아주 자주 했다**.                    (          )

(3) 민수는 축구공을 **마음대로 다룰** 정도로 실력이 뛰어났다.                    (          )

**8** 다음 문장에서 밑줄 친 부분을 바르게 고쳐 써 보세요.

(1) 원재는 떡 **주무르듯** 거짓말을 해서 친구들에게 미움을 샀다.

→ ☐☐

(2) 진주와 성규는 몇 년 동안 **미역국**을 먹은 사이라 그런지 무척 친하다.

→ ☐☐☐

(3) 안타깝게도 호영이는 결승전을 죽을 **마셨다**.

→ ☐☐☐

(4) 일을 끝마치지 않고 중간에 그만두면 **국도 떡도** 안 되는 법이다.

→ ☐☐ ☐☐

**9** 다음 글에서 연준이의 상황에 어울리는 관용어는 무엇인지 골라 보세요. ( )

> "연준아, 분홍색 상자 보여? 누가 딸기 케이크를 사 왔나 봐. 맛있겠다."
>
> "곧 내 생일이라서 생일 파티를 해 주려고 친구들이 사 왔나 봐."

① 죽 끓듯 하다        ② 김칫국부터 마신다

③ 국물도 없다        ④ 밥 구경을 하다

# 음식과 관련된 속담

속담은 예로부터 사람들 사이에서 전해 내려오는 말로, 쉽고 짧으면서도 교훈을 담고 있어요. 관용어처럼 속담도 원래의 뜻과는 다른 새로운 뜻으로 굳어져 쓰이는 '관용 표현'이에요. 음식과 관련된 속담으로는 어떤 것이 있는지 알아볼까요?

### 수박 겉 핥기

수박을 먹을 때는 겉의 껍질이 아닌, 안의 달콤한 부분을 먹어요. 그런데 겉의 껍질만 핥는다면 수박의 진정한 맛을 알 수 없겠지요? 이처럼 '수박 겉 핥기'는 어떤 것에 대해 속 내용은 모르면서 겉만 건드리는 경우에 사용해요.

### 곶감 꼬치에서 곶감 빼 먹듯

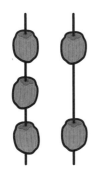

곶감은 껍질을 벗겨 꼬챙이에 꿰어 말린 감이에요. 곶감을 야금야금 먹다 보면 어느새 빈 꼬챙이만 남겠지요? 이처럼 '곶감 꼬치에서 곶감 빼 먹듯'은 알뜰히 모아 둔 재산을 조금씩 써서 없애는 것을 비유적으로 표현한 속담이에요.

### 계란으로 바위 치기

계란으로 바위를 깨는 것은 불가능한 일이에요. 이처럼 '계란으로 바위 치기'는 매우 어려운 상황이거나, 너무 강한 상대여서 맞서 싸워도 이길 수 없는 경우에 사용해요.

# 2단원 '자연'

**땅**과 관련된 관용어

**물**과 관련된 관용어

**불**과 관련된 관용어

**하늘**과 관련된 관용어

**땅**

# 땅이 꺼지게

: 한숨을 쉴 때 몹시 깊고 크게.

**1** 다음 문장을 읽고 빈칸에 공통으로 들어갈 알맞은 말을 써 보세요.          (          )

- 가을이 되면 마른 잎들이 하나둘씩 ☐ 으로 떨어져요.
- 지진이 발생하자 ☐ 이 심하게 흔들렸어요.

**2** 다음 뜻풀이에 알맞은 관용어를 찾아 선으로 이어 보세요.

(1)  한숨을 쉴 때 몹시 깊고 크게.　●                         ●　땅이 꺼지게

(2)  아주 분하고 억울한 일.　●                         ●　땅에 떨어지다.

(3)  명예나 권위 등이 회복하기
　　어려울 정도로 거의 없어지다.　●                         ●　땅을 칠 노릇

# 땅을 칠 노릇

: 아주 분하고 억울한 일.

# 땅에 떨어지다

: 명예나 권위* 등이 회복하기
어려울 정도로 거의 없어지다.

*권위: 특별한 능력, 자격, 지위로 남을 이끌어서 따르게 하는 힘.

**3** 다음 문장을 읽고 빈칸에 들어갈 알맞은 말을 보기 에서 골라 써 보세요.

| 보기 | 칠 노릇이다 | 떨어졌다 | 꺼지게 |
|------|-----------|---------|--------|

(1) 거짓말한 사실이 밝혀지자 그에 대한 신뢰가 땅에 ⬚⬚⬚⬚.

(2) 내가 쓰지도 않은 돈을 나보고 갚으라니 땅을 ⬚⬚⬚⬚⬚.

(3) 삼촌은 취업이 잘되지 않는다며 땅이 ⬚⬚⬚ 한숨을 쉬었다.

**4** 밑줄 친 부분과 뜻이 비슷한 말을 골라 보세요. ( )

> 연구 결과를 조작했다는 사실이 밝혀지자 그 과학자의 권위는 **땅에 떨어졌다.**

① 아주 분하고 억울했다.

② 회복하기 어려울 정도로 거의 없어졌다.

③ 한숨을 몹시 깊고 크게 쉬었다.

**5** 밑줄 친 부분과 바꾸어 쓸 수 있는 말을 골라 보세요. ( )

> 시합 내내 이기다가 마지막에 역전패를 당하다니 **아주 분하고 억울하다.**

① 땅에 떨어지다.

② 땅이 꺼지게 한숨을 쉬다.

③ 땅을 칠 노릇이다.

**6** 다음 중 '땅에 떨어지다'가 관용어로 사용된 문장을 골라 보세요.　　　（　　　）

> ㉠ 제품의 문제점을 숨긴 것이 드러나자 그 회사에 대한 신뢰가 **땅에 떨어졌다.**
>
> ㉡ 새들이 털갈이하는 시기가 되자 깃털이 한가득 **땅에 떨어졌다.**

① ㉠

② ㉡

③ ㉠, ㉡

**7** 다음 일기를 읽고 빈칸에 들어갈 내용으로 알맞은 것을 골라 보세요.　　　（　　　）

> **20○○년 5월 ○일**
>
> 진희가 수학 시간에 배운 내용이 어려워서 하나도 이해하지 못했다며 ▭
> 한숨을 쉬었다. 그래서 내가 자세하게 설명해 주었다. 진희가 이제 이해된다며 고맙다고
> 했다. 뿌듯했다.

① 땅을 칠 노릇으로

② 땅이 꺼지게

③ 땅에 떨어지게

# 돌떡 먹은 호랑이

토끼와 호랑이가 길에서 마주친다.

**호랑이:** (커다란 목소리로) 토끼구나. 한입에 꿀꺽 잡아먹어야겠다!

**토끼:** (덜덜 떨며) 아이고, 호랑이와 마주치다니……. 꼼짝없이 죽겠구나.

그때, 토끼가 이 상황에서 벗어날 수 있는 좋은 꾀를 생각해 낸다.

**토끼:** (㉠땅이 꺼지게 한숨을 쉬며) 어휴, 내가 가장 좋아하는 돌떡도 못 먹고 죽겠구나. 호랑이님, 죽기 전에 돌떡 하나만 먹으면 안 될까요? 제 마지막 소원입니다.

**호랑이:** (몹시 궁금한 듯이) 돌떡? 돌떡이 무엇이냐?

**토끼:** (신난 목소리로) 돌멩이를 불에 구우면 떡이 되는데 무척 맛있답니다.

**호랑이:** (흥미로운 목소리로) 그렇다면 지금 만들어 보거라. 그리도 맛있다는 돌떡, 나도 한번 먹어 보자.

토끼가 모닥불을 피우고 돌멩이를 굽자, 돌멩이가 빨갛게 달궈진다.

**호랑이:** (성급하게 외치며) 도저히 못 참겠구나! 내가 먼저 먹어 봐야겠다!

호랑이가 뜨거운 돌멩이를 냉큼 입에 집어넣는다.

**호랑이:** (화들짝 놀라며) 앗, 뜨거워! 아이고, 내 입이야!

호랑이가 손으로 입을 감싸고 바닥을 데굴데굴 구른다.

**토끼:** (깔깔 비웃으며) 돌멩이를 구우면 떡이 된다는 말을 믿다니, 어리석구나!

호랑이가 연못에서 물을 마시며 입 안을 식히는 동안 토끼가 도망간다.

**호랑이:** (억울한 목소리로) 내가 토끼의 거짓말에 속다니  ㉡

**8** 토끼는 죽기 전에 무엇을 먹고 싶다고 했는지 골라 보세요. ( )

① 돌떡

② 콩떡

③ 꿀떡

④ 찹쌀떡

**9** ㉠과 뜻이 비슷한 말을 골라 보세요. ( )

① 아주 억울하고 분한 듯

② 몹시 깊고 크게

③ 잘난 체하며 거만하게

④ 들리지 않게 작은 소리로

**10** 이 글을 읽고 올바르지 <u>않게</u> 말한 친구를 골라 보세요. ( )

① **민규**: 뜨거운 돌멩이를 냉큼 입에 집어넣은 것을 보니 호랑이는 성격이 급해.

② **소영**: 호랑이에게 잡아먹히지 않으려고 거짓말한 것을 보니 토끼는 꾀가 많아.

③ **재민**: 호랑이가 아파하자 토끼는 호랑이에게 미안함을 느꼈어.

④ **윤아**: 호랑이는 토끼의 거짓말에 속은 것 때문에 억울한 마음이 들었어.

**11** 다음 문장을 읽고 빈칸에 들어갈 알맞은 말을 글에서 찾아 써 보세요. ( )

> 호랑이가 돌떡을 궁금해하자 토끼는 [ ] 목소리로 돌떡을 설명했습니다.

**12** ㉡에 들어갈 관용어로 알맞은 것을 골라 보세요. ( )

① 땅에 떨어졌구나.

② 땅 짚고 헤엄치기구나.

③ 땅이 꺼지게 한숨을 쉬는구나.

④ 땅을 칠 노릇이구나.

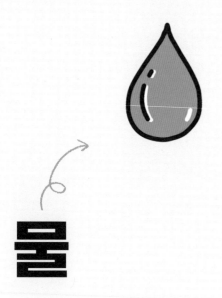

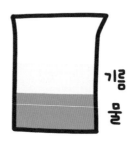

# 물

# 물과 기름

: 서로 어울리지 못하는 사이.

**1** 다음 문장을 읽고 빈칸에 공통으로 들어갈 알맞은 말을 써 보세요.　　（　　　　　）

- 주현이는 더러워진 손을 흐르는 ☐ 에 깨끗이 씻었어요.
- 아이들은 여름을 맞아 시원한 ☐ 에서 즐겁게 놀았어요.

**2** 다음 뜻풀이에 알맞은 관용어를 찾아 선으로 이어 보세요.

(1) 서로 어울리지 못하는 사이.　　　　●　　　　　　●　물과 기름

(2) 어려운 상황에서 벗어나 능력을
발휘할 만한 좋은 환경을 만난 사람.　●　　　　　●　물 쓰듯 하다.

(3) 돈이나 물건을 함부로 쓰고 낭비하다.　●　　　　●　물 만난 고기

# 물 만난 고기

: 어려운 상황에서 벗어나 능력을
발휘할 만한 좋은 환경을 만난 사람.

# 물 쓰듯 하다

: 돈이나 물건을 함부로 쓰고 낭비하다.

**3** 다음 문장을 읽고 빈칸에 들어갈 알맞은 말을 보기 에서 골라 써 보세요.

| 보기 | 기름 | 만난 고기 | 쓰듯 한다 |
|------|------|-----------|-----------|

(1) 달리기 선수인 현규는 체육 시간에 마치 물 ☐☐ ☐☐ 같았다.

(2) 정혜는 돈을 물 ☐☐ ☐☐ .

(3) 연주와 연재는 자매지만 물과 ☐☐ 처럼 서로 잘 안 맞는다.

**4** 밑줄 친 부분과 뜻이 비슷한 말을 골라 보세요. ( )

> 수업 시간 내내 졸던 경석이는 쉬는 시간만 되면 **물 만난 고기처럼** 즐거워했다.

① 물건을 함부로 쓰고 낭비하는 사람처럼

② 능력을 발휘할 만한 좋은 환경을 만난 사람처럼

③ 서로 어울리지 못하는 사이처럼

**5** 밑줄 친 부분과 바꾸어 쓸 수 있는 말을 골라 보세요. ( )

> 승재: 미현아, 요즘 왜 그렇게 돈을 **함부로 쓰고 낭비하는 거야?**
>
> 미현: 나 이번 명절에 용돈을 많이 받았거든!

① 물 만난 고기야?

② 물 쓰듯 하는 거야?

③ 물과 기름이야?

**6** 다음 중 관용어 '물과 기름'을 바르게 사용한 친구를 골라 보세요. ( )

> 윤아: 윤성이와 나는 쌍둥이지만 **물과 기름**처럼 맞지 않아.
>
> 예서: 축구 선수였던 아빠는 축구 동호회에 가면 **물과 기름**처럼 신나 보여.

① 윤아

② 예서

③ 윤아, 예서

**7** 다음 대화를 읽고 빈칸에 들어갈 내용으로 알맞은 것을 골라 보세요. ( )

선우야, 휘지를 이렇게

안 돼. 아껴 써야지.

앞으로 아껴 쓸게요.

① 물 만난 고기처럼 행동하면

② 물과 기름 같이 하면

③ 물 쓰듯 하면

# 헤나에게 보내는 편지

헤나에게

헤나야, 안녕? 전학 간 학교에서는 잘 지내고 있니? 우리가 처음 만났을 때, 짝꿍이었지만 [ ㉠ ] 처럼 잘 안 맞았잖아. 하지만 도서관에 가서 함께 책을 읽으며 친해졌지. 이번엔 나 혼자 가서 《피터 팬》을 읽었는데 아주 재미있었어. 너에게 추천해 주고 싶어서 편지를 쓰게 됐어.

'모든 아이는 자란다. 단 한 아이만 빼고.' 이 문장은 《피터 팬》의 표지에 쓰인 문장이야. 이 문장을 읽고 '단 한 아이'가 누구일까 궁금해서 책을 읽게 되었어. '자라지 않는 단 한 아이'는 바로 주인공인 피터 팬이야. 피터 팬은 네버랜드에 살아. 네버랜드에는 어린아이들만 살 수 있어서 그곳에 사는 아이들은 어른이 되지 않지. 어느 날, 웬디라는 소녀가 우연히 피터 팬을 만나게 돼. 웬디의 아빠는 웬디에게 아직도 어린아이처럼 동화만 좋아하냐며 잔소리를 하곤 했어. 하지만 진짜 동화 속 세상 같은 네버랜드로 갔을 때, 웬디는 마치 ㉡**물 만난 고기** 같았지.

《피터 팬》에는 후크 선장이라는 악당도 나와. 후크 선장과 피터 팬은 앙숙*이야. 후크 선장은 피터 팬과 싸우다가 한쪽 손을 잃어서 갈고리 모양의 가짜 손을 달고 있지. 피터 팬과 네버랜드의 친구들, 그리고 웬디가 후크 선장에 맞서 싸우는 장면은 아주 흥미진진해. 너도 꼭 읽어 봤으면 좋겠어.

답장을 보내 줄 때, 네가 재미있게 읽은 책도 추천해 줘! 잘 지내.

너의 친구 예솔이가

＊**앙숙**: 원한을 품고 서로 미워하는 사이.

**8** 예솔이가 《피터 팬》을 읽게 된 까닭을 골라 보세요. ( )

① 표지에 쓰인 문장을 읽고 궁금해져서　　② 혜나가 추천해 준 책이라서

③ 표지에 있는 그림이 무척 예뻐서　　④ 영화 〈피터 팬〉을 보았기 때문에

**9** ㉠에 들어갈 관용어로 알맞은 것을 골라 보세요. ( )

① 물 만난 고기　　　　　　　② 물 쓰듯 하는 사람

③ 물과 기름　　　　　　　　④ 물에 빠진 생쥐

**10** 이 글을 읽고 올바르게 말한 친구를 모두 골라 보세요. `2개` ( )

① **민희**: 《피터 팬》의 표지에 쓰인 '자라지 않는 단 한 아이'는 바로 웬디야.

② **찬영**: 피터 팬과 웬디, 네버랜드 친구들은 후크 선장에 맞서 싸웠어.

③ **보람**: 후크 선장은 양쪽 손을 모두 잃어서 갈고리 모양의 가짜 손을 달고 있어.

④ **명훈**: 예솔이는 혜나에게 《피터 팬》을 추천해 주고 싶어서 편지를 썼어.

**11** 다음 문장을 읽고 빈칸에 들어갈 알맞은 말을 글에서 찾아 써 보세요. ( )

> 피터 팬이 사는 네버랜드에는 [ ] 만 살 수 있습니다.

**12** ㉡과 뜻이 비슷한 말을 골라 보세요. ( )

① 어울리지 못하는 사람　　　② 수영을 매우 잘하는 사람

③ 물건을 함부로 쓰고 낭비하는 사람　　④ 능력을 발휘할 좋은 환경을 만난 사람

**불**

# 불 보듯 뻔하다

: 의심할 것 없이 확실하다.

---

**1** 다음 문장을 읽고 빈칸에 공통으로 들어갈 알맞은 말을 써 보세요. ( )

- 높은 빌딩에 ☐ 이 나서 사람들이 구조를 기다리고 있어요.
- 어두운 밤, 장작에 ☐ 을 붙였더니 주위가 밝고 따뜻해졌어요.

---

**2** 다음 뜻풀이에 알맞은 관용어를 찾아 선으로 이어 보세요.

(1) 의심할 것 없이 확실하다. ● ● 불을 끄다.

(2) 따뜻하게 하기 위해 난방을 하다. ● ● 불 보듯 뻔하다.

(3) 급한 문제를 해결하다. ● ● 불을 넣다.

## 불을 넣다

: 따뜻하게 하기 위해 난방*을 하다.

## 불을 끄다

: 급한 문제를 해결하다.

*난방: 실내의 온도를 높여 따뜻하게 하는 일.

**3** 다음 문장을 읽고 빈칸에 들어갈 알맞은 말을 보기 에서 골라 써 보세요.

| 보기 | 보듯 뻔하다 | 넣었다 | 껐다 |
| --- | --- | --- | --- |

(1) 성주는 공부를 안 하니 시험에 떨어질 것이 불 [　][　] [　][　][　] .

(2) 그녀는 친척들에게 돈을 빌려서 일단 급한 불부터 [　][　] .

(3) 현수는 비가 계속 내려 꿉꿉해진 방에 불을 [　][　] .

**4** 밑줄 친 부분과 뜻이 비슷한 말을 골라 보세요. ( )

> 회사에서 갑자기 사고가 발생하여 그 **불을 끄느라고** 야근을 했다.

① 급한 문제를 해결하느라고

② 의심할 것 없이 확실하게 하느라고

③ 따뜻하게 하기 위해 난방을 하느라고

**5** 밑줄 친 부분과 바꾸어 쓸 수 있는 말을 골라 보세요. ( )

> 유준: 기은이는 오늘도 지각이야?
>
> 수빈: 새벽까지 게임을 하다 늦게 잠들었으니 **의심할 것 없이 확실하지.**

① 불을 껐지.

② 불 보듯 뻔하지.

③ 불을 넣었지.

**6** 다음 중 '불을 끄다'가 관용어로 사용된 문장을 골라 보세요.　　　　　( 　　　 )

> ㉠ 소방관은 불이 난 건물로 빠르게 뛰어온 뒤, 소방 호스로 **불을 껐다.**
>
> ㉡ 재규는 급한 일이 생겨서 그 **불을 끄느라고** 약속에 늦었다.

① ㉠

② ㉡

③ ㉠, ㉡

**7** 다음 대화를 읽고 빈칸에 들어갈 내용으로 알맞은 것을 골라 보세요.　　　　　( 　　　 )

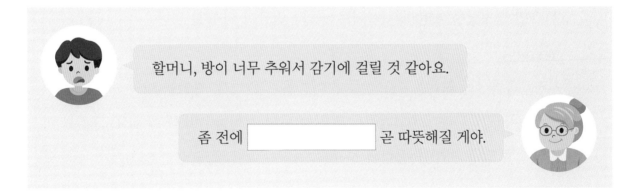

할머니, 방이 너무 추워서 감기에 걸릴 것 같아요.

좀 전에 [　　　　　　] 곧 따뜻해질 게야.

① 불 보듯 뻔하니

② 불을 껐으니

③ 불을 넣었으니

# 경로당을 수리해 주세요

안녕하세요? 저는 대한 초등학교 4학년 2반 정윤희입니다. 제가 도청 누리집 시민 참여 게시판에 글을 쓰는 이유는 바로 저희 동네 경로당이 낡고 오래되어 수리가 필요하기 때문입니다.

지난 주말, 친구들과 함께 경로당에 봉사 활동을 하러 갔습니다. 그런데 경로당 안이 매우 추웠습니다. 어르신께 이유를 여쭤보니 난방 시설에 문제가 생겼는지 제대로 작동되지 않아서 아무리 ㉠불을 넣어도 따뜻해지지 않고, 겨울인데도 차가운 물만 나온다고 하셨습니다. 에어컨도 고장이 나서 여름에는 경로당 안이 무척 덥다고 하셨습니다.

경로당은 노인을 위한 공간인데, 현재 경로당의 환경은 노인을 위한 기본적인 시설조차 제대로 갖추지 않은 상태입니다. 인권은 사람으로서 가지는 기본적인 권리입니다. 그런데 이렇게 노후화*된 시설 때문에 경로당을 이용하시는 어르신들은 현재 인권을 존중받지 못하고 계십니다. 경로당의 환경이 나아지지 않는다면 경로당을 이용하시는 어르신들의 건강이 나빠질 것은 ㉡ 일입니다.

경로당을 이용하시는 어르신들이 여름을 시원하게, 겨울을 따뜻하게 보낼 수 있도록 고장 난 에어컨과 작동되지 않는 난방 시설을 수리해 주세요. 그리고 지속적으로 작동 여부를 점검해 주세요.

*노후화: 오래되거나 낡아서 쓸모가 없게 됨.

**8** 윤희가 글을 올린 곳은 어디인지 골라 보세요. ( )

① 아파트 주민 소식 게시판 ② 학교 누리집 학생 참여 게시판

③ 도청 누리집 시민 참여 게시판 ④ 도청 누리집 칭찬합시다 게시판

**9** ㉠과 뜻이 비슷한 말을 골라 보세요. ( )

① 난방을 해도 ② 의심할 것 없이 확실해도

③ 모닥불을 피워도 ④ 급한 문제를 해결해도

**10** 경로당의 현재 환경에 대한 설명으로 맞으면 ○, 틀리면 ✕ 하세요.

(1) 겨울에 난방 시설이 제대로 작동되지 않아서 경로당 안이 춥다. ·········· ( )

(2) 겨울에는 차가운 물과 따뜻한 물이 모두 나온다. ················· ( )

(3) 경로당 안에 있는 에어컨은 고장이 난 상태이다. ················· ( )

(4) 노후화된 시설은 작년에 전부 교체되었다. ··················· ( )

**11** 다음 문장을 읽고 빈칸에 들어갈 알맞은 말을 글에서 찾아 써 보세요. ( )

> ⬜은 사람으로서 가지는 기본적인 권리입니다.

**12** ㉡에 들어갈 관용어로 알맞은 것을 골라 보세요. ( )

① 불을 넣기 위한 ② 불을 끄기 위한

③ 불을 지르는 ④ 불 보듯 뻔한

**하늘에서 뚝 떨어지다**

: 큰 노력을 하지 않았는데도
갑자기 어떠한 성과를 얻게 된다.

**1** 다음 문장을 읽고 빈칸에 공통으로 들어갈 알맞은 말을 써 보세요.　　　　　( 　　　　　 )

- 영지는 ☐ 을 향해 두 팔을 쭉 뻗으며 기지개를 켰어요.
- ☐ 이 맑은 것을 보니 오늘은 날씨가 좋을 것 같아요.

**2** 다음 뜻풀이에 알맞은 관용어를 찾아 선으로 이어 보세요.

(1) 큰 노력을 하지 않았는데도
　　갑자기 어떠한 성과를 얻게 된다.　　●　　　　　●　하늘에서 뚝 떨어지다.

(2) 기세가 매우 대단하다.　　　　　　●　　　　　●　하늘이 노래지다.

(3) 갑자기 기력이 다하거나
　　큰 충격을 받아 정신이 아찔하게 된다.　●　　　　　●　하늘을 찌르다.

**하늘을 찌르다**

: 기세가 매우 대단하다.

**하늘이 노래지다**

: 갑자기 기력*이 다하거나
큰 충격을 받아 정신이 아찔하게 되다.

*기력: 사람의 몸으로 활동할 수 있는 정신과 육체의 힘.

**3** 다음 문장을 읽고 빈칸에 들어갈 알맞은 말을 보기 에서 골라 써 보세요.

| 보기 | 노래졌다 | 뚝 떨어지기를 | 찌를 |
|---|---|---|---|

(1) 하늘을 ☐☐ 듯한 응원에 힘입어 우리 팀은 상대 팀을 이겼다.

(2) 병재는 아버지의 사고 소식을 듣고 하늘이 ☐☐☐ .

(3) 현우는 돈이 하늘에서 ☐☐☐☐☐ 바랐다.

**4** 밑줄 친 부분과 뜻이 비슷한 말을 골라 보세요.　　　　　　　　　( 　　　　 )

> 좋은 글은 **하늘에서 뚝 떨어지는** 것이 아니므로 꾸준히 글쓰기 연습을 해야 한다.

① 큰 충격을 받아 정신이 아찔하게 되는

② 기세가 매우 대단한

③ 노력을 하지 않았는데도 갑자기 얻게 되는

**5** 밑줄 친 부분과 바꾸어 쓸 수 있는 말을 골라 보세요.　　　　　　　( 　　　　 )

> 그는 돈이 든 가방을 잃어버렸다는 것을 깨닫고 **큰 충격을 받아 정신이 아찔했다.**

① 하늘이 노래졌다.

② 하늘을 찌를 듯했다.

③ 하늘에서 뚝 떨어졌다.

**6** 다음 중 '하늘에서 뚝 떨어지다'가 관용어로 사용된 문장을 골라 보세요.　　　(　　　　)

> ㉠ 먹구름이 잔뜩 몰려오더니 빗방울이 **하늘에서 뚝 떨어졌다.**
>
> ㉡ 성공은 **하늘에서 뚝 떨어지는** 것이 아니므로 열심히 노력해야 한다.

① ㉠

② ㉡

③ ㉠, ㉡

**7** 다음 일기를 읽고 빈칸에 들어갈 내용으로 알맞은 것을 골라 보세요.　　　(　　　　)

> **20○○년 6월 ○일**
>
> 오늘 가족과 함께 축구 경기를 보러 갔다. 다른 사람들과 함께 응원가를 부르기도 했다.
> 후반전에 내가 좋아하는 선수가 골을 넣었는데, 그때 관중들의 함성이 [　　　　　]
> 울려 퍼졌다. 그 선수가 속한 팀이 오늘 경기를 이겨서 기분이 더 좋았다.

① 하늘을 찌를 듯

② 하늘에서 뚝 떨어지듯

③ 하늘이 노래지듯

# 사자자리에 얽힌 이야기

사자자리는 사자 모양의 별자리로, 봄철에 볼 수 있습니다. 사자자리에는 그리스 신화에 나오는 영웅, 헤라클레스와 관련된 이야기가 전해집니다.

헤라클레스는 신 제우스와 인간 알크메네 사이에서 태어났습니다. 제우스의 아내 헤라는 헤라클레스를 미워했습니다. 그래서 헤라클레스에게 12가지 시련을 내리기로 했습니다. 첫 번째 시련은 네메아 골짜기에 있는 거대 사자를 물리치는 것이었습니다. 거대 사자는 달에서 떨어진 유성*이 변한 것으로, 몸집이 무척 컸으며 사람을 잡아먹는 흉악한 동물이었습니다. 거대 사자의 울음소리만 들어도 네메아 사람들은 | ㉠ |

어느 날, 헤라가 헤라클레스를 불러 이렇게 말했습니다.

"헤라클레스여, 네메아 사람들을 공포에 떨게 하는 거대 사자를 잡아 와라."

이 소식을 들은 네메아 사람들은 기뻐했습니다. 헤라클레스의 힘이 보통 사람보다 무척 세기 때문에 거대 사자를 없앨 수 있을 거라고 생각했기 때문입니다. 헤라클레스는 ㉡<u>**하늘을 찌를 듯한**</u> 사람들의 응원에 힘입어 반드시 사자를 없애고 돌아오겠다며 네메아 골짜기로 달려갔습니다.

헤라클레스와 사자는 치열한 혈투*를 벌였고, 결국 헤라클레스는 사자를 죽이는 데 성공했습니다. 헤라클레스는 승리의 대가로 그 어떤 무기로도 뚫을 수 없는 사자 가죽을 얻었고, 제우스는 헤라클레스의 용맹*을 기리기 위해 거대 사자를 하늘의 별자리로 만들었습니다.

* **유성**: 지구의 대기권 안으로 들어와 빛을 내며 떨어지는 작은 물체.
* **혈투**: 죽음을 무릅쓰고 사납고 힘들게 하는 싸움.
* **용맹**: 용감하고 사나움.

**8** 제우스와 알크메네 사이에서 태어난 것은 누구인지 골라 보세요.  (          )

① 헤라                    ② 네메아

③ 거대 사자               ④ 헤라클레스

**9** ㉠에 들어갈 관용어로 알맞은 것을 골라 보세요.  (          )

① 하늘을 찔렀습니다.        ② 하늘이 노래졌습니다.

③ 하늘 높은 줄 몰랐습니다.   ④ 하늘에서 뚝 떨어졌습니다.

**10** 일이 일어난 순서대로 번호를 써 보세요.  (        →        →        →        )

① 치열한 혈투 끝에 헤라클레스는 거대 사자를 죽이는 데 성공했습니다.

② 제우스는 거대 사자를 하늘의 별자리로 만들었습니다.

③ 헤라는 헤라클레스를 불러서 거대 사자를 잡아 오라고 했습니다.

④ 네메아 골짜기에 유성이 떨어졌는데, 그것이 거대 사자로 변했습니다.

**11** 다음 문장을 읽고 빈칸에 들어갈 알맞은 말을 글에서 찾아 써 보세요.  (          )

>           는 사자 모양의 별자리로, 봄철에 볼 수 있습니다.

**12** ㉡과 뜻이 비슷한 말을 골라 보세요.  (          )

① 기세가 매우 대단한        ② 큰 노력 없이 갑자기 성과를 얻은

③ 큰 충격을 받아 정신이 아찔한   ④ 둘 사이에 큰 차이가 있는

정답과 해설 138쪽

**1** 다음 관용어에 알맞은 뜻풀이를 찾아 선으로 이어 보세요.

(1) 땅이 꺼지게 •                    • 의심할 것 없이 확실하다.

(2) 물과 기름 •                    • 서로 어울리지 못하는 사이.

(3) 불 보듯 뻔하다. •                    • 따뜻하게 하기 위해 난방을 하다.

(4) 불을 넣다. •                    • 한숨을 쉴 때 몹시 깊고 크게.

(5) 하늘을 찌르다. •                    • 기세가 매우 대단하다.

**2** 다음 뜻풀이에 알맞은 관용어를 보기 에서 골라 써 보세요.

| 보기 | 땅을 칠 노릇    불을 끄다    하늘이 노래지다    물 쓰듯 하다 |
| --- | --- |

(1) 아주 분하고 억울한 일.                              (                    )

(2) 돈이나 물건을 함부로 쓰고 낭비하다.              (                    )

(3) 급한 문제를 해결하다.                              (                    )

(4) 갑자기 큰 충격을 받아 정신이 아찔하게 되다.      (                    )

**3** 괄호 안에 들어갈 알맞은 말을 골라 ○ 해 보세요.

(1) 망가진 물건을 판매했다는 것이 알려지자 가게의 이미지가 ( 불 / 땅 )에 떨어졌다.

(2) 피아노를 잘 치는 민지는 음악 시간에 마치 ( 물 / 하늘 ) 만난 고기 같았다.

(3) 윤재는 그저 성공이 ( 하늘 / 불 )에서 뚝 떨어지기만을 기다렸다.

**4** 괄호 안에 들어갈 알맞은 말을 **보기**에서 골라 써 보세요.

| **보기** | 불 | 땅 | 하늘 | 물 |
|---|---|---|---|---|

오늘은 3반과 축구 시합이 있는 날이었다. 아침부터 우리 반 친구들은 (          )이 꺼지게 한숨을 쉬었다. 왜냐하면 3반에는 축구를 잘하는 아이들이 많아서 우리 반이 패배할 것이 (          ) 보듯 뻔한 일이기 때문이었다. 경기가 시작되자마자 두 골이나 먹는 바람에 (          )이 노래졌다. 최선을 다했지만, 끝내 우리 반이 지고 말았다.

**5** 괄호 안에 들어갈 알맞은 말을 골라 ○ 해 보세요.

(1) 준형이는 돈을 물 ( 보듯 뻔하더니 / 쓰듯 하더니 ) 급기야 빈털터리가 되었다.

(2) 방에 불을 ( 넣었더니 / 껐더니 ) 금세 따뜻해졌다.

(3) 달리기 대회에서 우승한 뒤로 민규의 자신감이 하늘을 ( 칠 노릇이다. / 찌른다. )

**6** 괄호 안에 들어갈 알맞은 말을 **보기** 에서 골라 써 보세요.

| **보기** | 만난 | 떨어졌다 | 껐다 |
|---|---|---|---|

(1) 진호가 약속을 여러 번 어겼기 때문에 진호에 대한 신뢰가 땅에 (               ).

(2) 회사 사정이 나빠지자 그는 가족에게 돈을 빌려서 급한 불을 (               ).

(3) 그 선수는 경기가 시작되면 물 (               ) 고기처럼 경기장을 누볐다.


**7** 밑줄 친 부분과 뜻이 비슷한 관용어를 **보기** 에서 골라 그 기호를 써 보세요.

| **보기** | ㉠ 땅을 칠 노릇 | ㉡ 불 보듯 뻔하다 | ㉢ 물과 기름 |
|---|---|---|---|

(1) 아무것도 훔치지 않았는데 도둑으로 몰리다니, **분하고 억울한 일**이다.   (        )

(2) 그들은 가족이지만 **서로 어울리지 못하는 사이**처럼 잘 안 맞는다.   (        )

(3) 그가 노는 걸 보니 시험에 떨어질 것이 **의심할 것 없이 확실하다**.   (        )

**8** 다음 문장에서 밑줄 친 부분을 바르게 고쳐 써 보세요.

(1) 그는 회사가 곧 망할 것 같다는 소식을 듣자 하늘이 **떨어졌다**.

→ | 노 | | | |

(2) 진성이는 아무 노력도 하지 않으면서 돈이 하늘에서 뚝 **꺼지기를** 바랐다.

→ | | | | | |

(3) 우리가 놀러가면 할머니께서는 방에 불을 **꺼서** 따뜻하게 해 주셨다.

→ | | | |

(4) 생각지 못한 큰돈이 생기자 명혜는 돈을 물 **보듯 뻔했다**.

→ | | | | |

**9** 다음 글에서 지수의 상황에 어울리는 관용어는 무엇인지 골라 보세요. ( )

"지수야, 공연이 시작되니까 전혀 다른 사람처럼 보이더라. 정말 멋있는 무대였어!"

"고마워. 나는 무대 위에 있을 때 내 능력을 제대로 발휘할 수 있는 것 같아."

① 땅을 칠 노릇        ② 땅이 꺼지게

③ 물과 기름        ④ 물 만난 고기

# 자연과 관련된 동형어

형태와 표기는 같지만 뜻이 다른 낱말을 '동형어'라고 해요. 동형어는 소리가 같으나 뜻이 다른 경우, 철자가 같으나 뜻이 다른 경우가 있어요. 동형어는 국어사전에서도 각각 다른 낱말로 풀이되어 있어요. 동형어 '비'에 대해 알아볼까요?

### 하늘에서 내리는 비

하늘에서 떨어지는 물방울을 말해요.

예 내일은 비가 내린다고 하니 우산을 챙겨 가야 한다.

### 먼지나 쓰레기를 쓸어 내는 비

짚이나 동물의 털 따위로 만들어진 기구로 먼지나 쓰레기를 쓸어 낼 때 사용해요.

예 영식이는 비로 마당의 먼지를 쓸었다.

### 기념하기 위해 세운 비

뜻깊은 일이나 훌륭한 인물 등을 잊지 않고 기념하기 위한 것으로 돌이나 쇠붙이, 나무 등에 글을 새겨서 세워 놓아요.

예 한산도에 한산 대첩을 기념하는 비가 있다.

# 3단원 '사물'

**방석**과 관련된 관용어

**주머니**와 관련된 관용어

**문**과 관련된 관용어

**칼**과 관련된 관용어

정답과 해설 139쪽

# 방석

# 돈방석에 앉다

: 썩 많은 돈을 가져 안락한 처지가 되다.

**1** 다음 문장을 읽고 빈칸에 공통으로 들어갈 알맞은 말을 써 보세요.  (          )

- 희윤이는 바닥이 너무 차가워서 [     ]을 깔고 앉았어요.
- 세훈이는 새로 산 [     ]이 푹신푹신해서 마음에 들었어요.

**2** 다음 뜻풀이에 알맞은 관용어를 찾아 선으로 이어 보세요.

(1) 썩 많은 돈을 가져 안락한 처지가 되다.   •        •   돈방석에 앉다.

(2) 불안하거나 초조한 느낌이 들다.   •        •   비단 방석에 앉다.

(3) 매우 훌륭하고 보람 있는 지위나
    자리를 차지하다.   •        •   가시방석에 앉다.

# 가시**방석**에 앉다

: 불안하거나 초조한 느낌이 들다.

# 비단 **방석**에 앉다

: 매우 훌륭하고 보람 있는
지위나 자리를 차지하다.

**3** 다음 문장을 읽고 빈칸에 들어갈 알맞은 말을 보기 에서 골라 써 보세요.

| 보기 | 비단 방석 | 가시방석 | 돈방석 |
|---|---|---|---|

(1) 장사가 엄청 잘되어서 이모는 [　　　] 에 앉게 됐다.

(2) 민준이는 [　　　] 에 앉은 것처럼 주변 눈치를 살폈다.

(3) 그는 올림픽 금메달리스트가 되자 [　　　] 에 앉게 됐다.

**4** 밑줄 친 부분과 뜻이 비슷한 말을 골라 보세요.　　　　　　　( 　　　 )

> 경민이는 기발한 발명품 덕분에 **돈방석에 앉게 되었다.**

① 보람 있는 지위를 차지했다.

② 초조한 느낌이 들었다.

③ 많은 돈을 가지게 되었다.

**5** 밑줄 친 부분과 바꾸어 쓸 수 있는 말을 골라 보세요.　　　　　　( 　　　 )

> 그가 사원에서 사장으로 승진하자 **보람 있는 지위를 차지했다며** 모두들 부러워했다.

① 돈방석에 앉게 되었다며

② 비단 방석에 앉게 되었다며

③ 가시방석에 앉게 되었다며

**6** 다음 중 관용어 '가시방석에 앉다'를 바르게 사용한 친구를 골라 보세요. ( )

> 은지: 내 실수로 일이 잘못되어서 **가시방석에 앉은** 것 같았어.
>
> 명수: 숙제를 하지 않아서 수업 시간 내내 **가시방석에 앉은** 느낌이었어.

① 은지

② 명수

③ 은지, 명수

**7** 다음 대화를 읽고 빈칸에 들어갈 내용으로 알맞은 것을 골라 보세요. ( )

 세연 씨, 사업을 시작했다는 얘기를 들었어요. 잘되고 있나요?

네. 처음엔 잘 안됐는데, 최근엔 판매가 무척 잘되고 있어요.

 돈을 많이 벌겠군요. 이제 [          ] 시간문제네요.

① 돈방석에 앉는 건

② 비단 방석에 앉는 건

③ 가시방석에 앉는 건

# 알뜰 시장

예림이네 반에서 알뜰 시장이 열렸어요. 알뜰 시장에서는 나에게 필요 없는 물건을 팔거나 필요한 물건을 구매할 수 있어요. 선생님께서는 사용한 흔적이 적은 물건, 고장 나지 않은 물건, 더 이상 사용하지 않지만 버리기 아까운 물건들을 알뜰 시장에서 팔 수 있다고 하셨어요. 그리고 이미 사용한 물건이므로 가격은 비싸지 않게, 적절하게 정하는 것이 좋다고 하셨어요.

예림이는 농구공, 색연필 세트를 팔려고 내놓았어요. 짝꿍 승재는 일찌감치 동화책 다섯 권, 놀이용 딱지 열 개를 팔아서 4천 원을 벌었다며 자랑했어요. 승재는 이러다 곧 ⊙**돈방석에 앉겠다며** 농담까지 했어요.

예림이는 원식이에게 색연필 세트를 팔고, 채윤이에게 머리띠와 리본을 샀어요. 다른 친구들이 파는 물건을 구경하고 있는데 승재와 민호가 말다툼을 시작했어요. 승재가 민호에게 농구공을 판다고 했다가 갑자기 마음이 바뀌었다며 팔지 않았기 때문이었어요. 옆에 있던 예림이는 　　　ⓒ　　　 것 같아 마음이 불편했어요.

예림이는 팔려고 내놓았던 농구공을 민호에게 보여 주면서 새것이나 다름없다고 했어요. 민호는 농구공을 이리저리 살펴보더니 흔쾌히 구매했어요.

예림이는 자신이 사용하지 않는 물건은 필요한 친구에게 팔고, 자신에게 필요한 물건은 저렴하게 구매할 수 있어서 알뜰 시장이 참 좋다고 생각했어요. 또 알뜰 시장을 통해 아까운 물건을 버리지 않고 자원 절약을 실천했다고 생각하니 더더욱 뿌듯했어요.

**8**  알뜰 시장에서 팔 수 <u>없는</u> 물건을 골라 보세요.          (          )

① 고장 나지 않은 물건                    ② 사용한 흔적이 많아서 낡은 물건

③ 나에게 필요 없는 물건                  ④ 사용하지 않지만 버리기 아까운 물건


**9**  ㉠과 뜻이 비슷한 말을 골라 보세요.          (          )

① 훌륭한 지위를 차지하겠다며              ② 초조한 느낌이 든다며

③ 가진 돈을 전부 잃을 것 같다며           ④ 많은 돈을 가지게 되겠다며


**10**  이 글을 읽고 올바르지 <u>않게</u> 말한 친구를 모두 골라 보세요. `2개`          (          )

① **세영**: 알뜰 시장에서 파는 물건의 가격은 비싸게 정하는 것이 좋아.

② **주희**: 예림이는 원식이에게 색연필 세트를 팔고, 민호에게 농구공을 팔았어.

③ **성준**: 예림이는 채윤이에게 머리띠와 리본을 샀어.

④ **현수**: 승재는 동화책 다섯 권, 농구공 열 개를 팔아서 4천 원을 벌었어.


**11**  다음 문장을 읽고 빈칸에 들어갈 알맞은 말을 글에서 찾아 써 보세요.          (          )

알뜰 시장을 통해 자원 [    ] 을 실천할 수 있습니다.


**12**  ㉡에 들어갈 관용어로 알맞은 것을 골라 보세요.          (          )

① 돈방석에 앉은                          ② 비단 방석에 앉은

③ 가시방석에 앉은                        ④ 앞 방석을 차지한

# 주머니

# 주머니를 털다

: 가지고 있는 돈을 모두 내놓다.

## 1  다음 문장을 읽고 빈칸에 공통으로 들어갈 알맞은 말을 써 보세요.    (           )

- 은재는 귤을 몇 개 집어서 비닐 ☐ 에 넣었어요.
- 기훈이는 ☐ 에서 동전을 꺼내 동생에게 주었어요.

## 2  다음 뜻풀이에 알맞은 관용어를 찾아 선으로 이어 보세요.

(1) 가지고 있는 돈을 모두 내놓다.    •          • 주머니가 넉넉하다.

(2) 가지고 있는 돈이 적다.    •          • 주머니를 털다.

(3) 돈을 충분하게 가지고 있다.    •          • 주머니가 가볍다.

**주머니**가 가볍다          **주머니**가 넉넉하다

: 가지고 있는 돈이 적다.          : 돈을 충분하게 가지고 있다.

**3** 다음 문장을 읽고 빈칸에 들어갈 알맞은 말을 보기 에서 골라 써 보세요.

| 보기 | 털어서 | 넉넉해 | 가벼워서 |
|---|---|---|---|

(1) 승원이는 주머니가 [          ] 당분간 돈을 아끼기로 했다.

(2) 호정이는 자신의 주머니를 [        ] 갖고 싶었던 책을 샀다.

(3) 아이들은 세뱃돈을 받아서 주머니가 [        ] 보였다.

**4** 밑줄 친 부분과 뜻이 비슷한 말을 골라 보세요.　　　　　　　　(　　　　)

> 유민이가 형편이 어렵다는 소식을 듣고, 친구들이 **주머니를 털어서** 도와주었다.

① 돈을 충분하게 가지고 있어서

② 가지고 있는 돈이 적어서

③ 가지고 있는 돈을 모두 내놓아서

**5** 밑줄 친 부분과 바꾸어 쓸 수 있는 말을 골라 보세요.　　　　　　　　(　　　　)

> 재영이는 용돈을 많이 받아서 언제나 **돈을 충분하게 가지고 있었다.**

① 주머니가 가벼웠다.

② 주머니를 털었다.

③ 주머니가 넉넉했다.

**6** 다음 중 '주머니가 가볍다'가 관용어로 사용된 문장을 골라 보세요. ( )

> ㉠ 주머니에 든 사탕을 야금야금 먹었더니 금세 **주머니가 가벼워졌다.**
>
> ㉡ 규민이는 요즘 돈을 많이 써서 **주머니가 가벼워졌다.**

① ㉠

② ㉡

③ ㉠, ㉡

**7** 다음 대화를 읽고 빈칸에 들어갈 내용으로 알맞은 것을 골라 보세요. ( )

남규야, 저기서 파는 빵 먹어 봤어? 엄청 맛있대.

그래? 내가 빵 사줄까? 요즘

① 주머니가 가볍거든.

② 주머니가 넉넉하거든.

③ 주머니를 털었거든.

# 꿈이 있는 사람이 됩시다

어린이 여러분, 안녕하십니까? 제 이름은 이덕배이며, 제 직업은 의사입니다. 저는 오늘 꿈에 대해 이야기하고자 합니다. 여러분은 꿈이 있나요? 꿈은 앞으로 이루고 싶은 희망이나 목표를 의미합니다. 꿈이 있는 사람은 인생의 목표가 있는 사람이며, 자신이 나아가야 할 방향을 아는 사람입니다. 이처럼 꿈은 살아가는 데 있어서 매우 중요하기 때문에 우리는 꿈이 있는 사람이 되어야 합니다.

저는 어릴 적부터 꿈이 있었습니다. 일곱 살 때, 큰 사고가 나서 목숨이 위태로웠던 적이 있었습니다. 그 당시에는 집이 가난하여 수술비가 부족했는데, 이웃 어른들께서 <u>　　　㉠　　　</u> 도와주신 덕분에 수술을 받을 수 있었습니다.

그 후에 '힘들고 어려운 사람을 돕는 의사가 되겠다'는 꿈이 생겼습니다. 의사가 되어 형편이 어려운 환자들도 병원비 걱정 없이 진료를 받을 수 있도록 하겠다고 다짐했습니다. 저는 꿈을 이루기 위해 열심히 노력했고, 그 결과 의사가 될 수 있었습니다. 현재 저는 병원을 운영하고 있습니다. 일반 환자도 진료하지만, 형편이 어려운 환자의 경우 진료나 수술을 무료로 해 주고 있습니다. 그리고 십 년째 소외 계층*을 위해 기부하고 있는데, 올해엔 '기부 천사'라는 상도 받았습니다. 비록 ㉡**주머니는 가벼워졌지만** 마음은 그 누구보다 풍족해졌습니다.

여러분, 꿈이 있다는 것은 목표가 있다는 것입니다. 목표를 이루기 위해서는 많은 노력이 필요합니다. 하지만 목표를 이루고 꿈을 실현하게 되면, 진정한 행복을 느낄 수 있습니다. 우리 함께 외쳐 볼까요? 꿈이 있는 사람이 됩시다!

＊**소외 계층**: 사회의 여러 복지 정책이나 시설의 혜택을 받지 못하여 도움이 필요한 계층.

**8** 이덕배 씨는 몇 년째 기부를 해 왔고, 어떤 상을 받았는지 골라 보세요. ( )

① 10년 - 기부 천사　　　　　　② 5년 - 마음 부자

③ 15년 - 기부 의사　　　　　　④ 10년 - 꿈이 있는 사람

**9** ㉠에 들어갈 관용어로 알맞은 것을 골라 보세요. ( )

① 주머니가 넉넉하지 않아서　　② 주머니가 가벼워서

③ 주머니를 털어서　　　　　　④ 주머니 사정이 나빠서

**10** 이덕배 씨에 대해 올바르게 말한 친구를 모두 골라 보세요. [2개] ( )

① **재윤**: 어릴 때 사고가 났는데, 이웃 어른들께서 도와주셔서 수술을 받을 수 있었어.

② **경주**: '힘들고 어려운 사람을 돕는 의사가 되겠다'는 꿈이 있었어.

③ **상혁**: 현재 운영하고 있는 병원에서는 형편이 어려운 환자만 진료하고 있어.

④ **연아**: 올해 처음으로 소외 계층을 위해 기부를 했어.

**11** 다음 문장을 읽고 빈칸에 들어갈 알맞은 말을 글에서 찾아 써 보세요. ( )

> 꿈은 앞으로 이루고 싶은 희망이나 [　　]를 의미합니다.

**12** ㉡과 뜻이 비슷한 말을 골라 보세요. ( )

① 가지고 있는 돈을 모두 내놓았지만　　② 다른 사람의 돈을 훔쳤지만

③ 돈을 충분하게 가지고 있지만　　　　④ 가지고 있는 돈이 적어졌지만

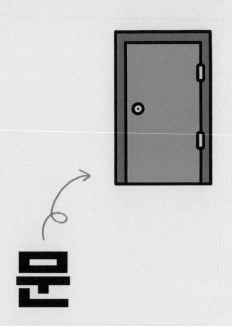

문

# 문이 좁다

: 이루어질 확률이 낮다.

## 1 다음 문장을 읽고 빈칸에 공통으로 들어갈 알맞은 말을 써 보세요. ( )

- 연지는 날씨가 많이 추워졌으니 ☐을 닫자고 했어요.
- 그는 ☐을 열고 밖을 내다보았어요.

## 2 다음 뜻풀이에 알맞은 관용어를 찾아 선으로 이어 보세요.

(1) 이루어질 확률이 낮다. ● ● 문을 닫다.

(2) 원하는 곳에 들어가거나
원하는 것을 얻기 위해 요청하다. ● ● 문을 두드리다.

(3) 경영하던 일을 그만두고 폐업하다. ● ● 문이 좁다.

## 문을 두드리다

: 원하는 곳에 들어가거나
원하는 것을 얻기 위해 요청하다.

## 문을 닫다

: 경영하던 일을 그만두고 폐업*하다.

*폐업: 직업이나 영업을 그만둠.

**3** 다음 문장을 읽고 빈칸에 들어갈 알맞은 말을 보기 에서 골라 써 보세요.

| 보기 | 좁기 | 닫았다 | 두드렸다 |
|------|------|--------|----------|

(1) 가게에 오는 손님이 점점 줄어들자 그는 결국 문을 ☐☐☐ .

(2) 아마추어였던 그 선수는 최근에 프로 세계의 문을 ☐☐☐☐ .

(3) 그 대회는 한 명의 수상자만 뽑기 때문에 수상의 문이 ☐☐ 로 유명하다.

**4** 밑줄 친 부분과 뜻이 비슷한 말을 골라 보세요.　　　　　　　　(　　　　)

> 그녀는 40대의 나이에 연예계의 **문을 두드렸다.**

① 원하는 곳에 들어가기 위해 요청했다.

② 일을 그만두고 폐업했다.

③ 이루어질 확률이 낮았다.

**5** 밑줄 친 부분과 바꾸어 쓸 수 있는 말을 골라 보세요.　　　　　　　(　　　　)

> 요즘은 **취업이 될 확률이 낮아서** 일하고 싶어도 일하지 못하는 사람이 많다.

① 취업 문을 두드려서

② 취업 문을 닫아서

③ 취업 문이 좁아서

**6** 다음 중 '문을 닫다'가 관용어로 사용된 문장을 골라 보세요. (          )

> ㉠ 공장 **문을 닫고** 나니 회사의 빚은 더욱 늘어났다.
>
> ㉡ 그는 마치 화가 난 듯이 세차게 **문을 닫았다.**

① ㉠

② ㉡

③ ㉠, ㉡

**7** 다음 일기를 읽고 빈칸에 들어갈 내용으로 알맞은 것을 골라 보세요. (          )

> **20○○년 11월 ○일**
>
> 내 꿈은 국가 대표 수영 선수가 되는 것이다. 국가 대표 선수가 되기 위해서는 뛰어난 실력도 중요하지만, 꾸준히 연습하는 부지런함도 중요하다. 수영을 잘하는 선수가 많기 때문이다. 비록 국가 대표 선수가 되는              난 포기하지 않을 것이다.

① 문은 좁지만

② 문을 닫지만

③ 문을 두드리지만

# 고장의 중심지

새롬이가 사는 고장의 남쪽에는 항구가 있습니다. 항구는 늘 다른 지역으로 이동하려는 사람들로 북적거렸습니다. 사람이 모이다 보니 항구 근처에 시장이 열렸고 음식점도 생겼습니다. 새롬이의 아버지도 항구 근처 시장에서 횟집을 운영하셨습니다. 남쪽은 자연스럽게 고장의 중심지*가 되었습니다.

작년 봄, 고장의 북쪽에 기차역과 버스 터미널이 생겼습니다. 교통 시설을 이용하기 위해 사람들이 고장의 북쪽에도 모이기 시작했습니다. 사람들이 많이 모이자 아파트도 여러 채 지어졌습니다. 그리고 생활에 필요한 물건을 살 수 있는 대형 마트, 백화점이 생기는 등 상업도 발달하기 시작했습니다. 즉, 교통의 발달로 인해 새로운 중심지가 생긴 것입니다.

북쪽에 중심지가 새로 생겨나자, 남쪽 중심지에서 가게를 운영하던 사람들이 ⓐ<u>문을 닫고</u> 북쪽으로 이동하는 경우가 많아졌습니다. 하지만 새롬이네 부모님은 정든 남쪽 중심지에 남아서 이곳을 발전시켜 나가려고 노력하셨습니다. 아버지께서는 시장 상인들과 함께 지붕 시설을 만들어서, 비가 오는 날에도 손님이 시장을 편하게 이용할 수 있도록 했습니다. 그리고 어머니께서는 시장 근처 골목길에 벽화를 그리셨습니다. 어머니께서는 어릴 적부터 화가가 되고 싶었지만 집이 가난해서 꿈을 이루지 못했다고 하셨습니다. 하지만 5년 전, 꿈을 이루기 위해 예술 세계의 　　　ⓑ　　　 그때부터 쌓은 실력을 발휘해 시장 근처 골목길에 남쪽 항구의 모습을 그리셨습니다. 벽화를 보거나 시장에 가려고 남쪽 중심지로 모이는 사람이 늘어나자 부모님께서는 행복해하셨습니다.

*중심지: 어떤 일이나 활동의 중심이 되는 곳.

**8** 새롬이 어머니가 시장 근처 골목길에 무엇을 그렸는지 골라 보세요. ( )

① 새롬이네 횟집의 모습　　　　　② 항구의 모습

③ 기차역의 모습　　　　　　　　④ 비 오는 날 시장의 모습

**9** ㉠의 의미로 알맞은 것을 골라 보세요. ( )

① 원하는 것을 얻기 위해 요청하고　　② 이루어질 확률이 낮고

③ 가게를 그만두고　　　　　　　　④ 열려 있던 창문을 닫고

**10** 남쪽 중심지에 대한 설명이면 '남', 북쪽 중심지에 대한 설명이면 '북'을 써 보세요.

(1) 기차역, 버스 터미널이 생기면서 사람들이 모이기 시작했다. ……………( )

(2) 새롬이 아버지와 시장 상인들이 함께 지붕 시설을 만들었다. ……………( )

(3) 항구 근처에 사람들이 모이면서 중심지가 됐다. ……………………………( )

(4) 이곳에서는 아파트, 대형 마트, 백화점을 볼 수 있다. …………………( )

**11** 다음 문장을 읽고 빈칸에 들어갈 알맞은 말을 글에서 찾아 써 보세요. ( )

새롬이가 사는 고장의 북쪽에는 ☐☐의 발달로 새로운 중심지가 생겼습니다.

**12** ㉡에 들어갈 관용어로 알맞은 것을 골라 보세요. ( )

① 문을 두드리셨습니다.　　　　　② 문을 닫으셨습니다.

③ 마음의 문을 여셨습니다.　　　　④ 문이 좁았습니다.

**칼**

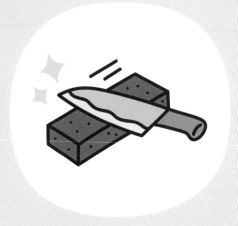

# 칼을 갈다

: 일을 이루기 위해 독한 마음을 먹다.

**1** 다음 문장을 읽고 빈칸에 공통으로 들어갈 알맞은 말을 써 보세요.          (          )

- 아버지는 음식을 만들기 위해 ☐로 채소를 다듬으셨어요.
- 그녀는 종이를 자르다 ☐에 베여 손가락에서 피가 났어요.

**2** 다음 뜻풀이에 알맞은 관용어를 찾아 선으로 이어 보세요.

(1) 일을 이루기 위해 독한 마음을 먹다. ●                    ● 칼을 빼 들다.

(2) 약속이나 정해진 것 등을
   어기지 않고 정확하게 지키다. ●                    ● 칼을 갈다.

(3) 문제를 해결하려고 하다. ●                    ● 칼 같다.

**칼 같다**

: 약속이나 정해진 것 등을
어기지 않고 정확하게 지키다.

**칼**을 빼 들다

: 문제를 해결하려고 하다.

**3** 다음 문장을 읽고 빈칸에 들어갈 알맞은 말을 보기 에서 골라 써 보세요.

| 보기 | 빼 들었다 | 같았다 | 갈며 |
|------|-----------|--------|------|

(1) 민재는 일어나는 시간과 잠드는 시간만큼은 칼 ☐☐☐ .

(2) 현주는 칼을 ☐☐ 공부한 덕분에 시험에 합격할 수 있었다.

(3) 경찰은 범죄를 줄이기 위해 칼을 ☐☐ ☐☐ .

**4** 밑줄 친 부분과 뜻이 비슷한 말을 골라 보세요.　　　　　　( 　　　 )

> 행정 복지 센터에서 소음으로 고통받는 주민들을 위해 **칼을 빼 들었다.**

① 약속을 어기지 않고 정확하게 지켰다.

② 일을 이루기 위해 독한 마음을 먹었다.

③ 문제를 해결하려고 했다.

**5** 밑줄 친 부분과 바꾸어 쓸 수 있는 말을 골라 보세요.　　　　( 　　　 )

> 진희는 매번 **정해진 것을 정확하게 지켜** 약속 시간에 딱 맞춰서 나온다.

① 칼을 갈고

② 칼을 빼 들고

③ 칼 같이

**6** 다음 중 '칼을 갈다'가 관용어로 사용된 문장을 골라 보세요. ( )

> ㉠ 경기에서 2등만 하던 병주는 1등을 따라잡기 위해 **칼을 갈았다**.
>
> ㉡ 선예는 칼날이 무뎌진 것을 보고, 돌에 **칼을 갈기** 시작했다.

① ㉠

② ㉡

③ ㉠, ㉡

**7** 다음 일기를 읽고 빈칸에 들어갈 내용으로 알맞은 것을 골라 보세요. ( )

> **20○○년 3월 ○일**
>
> 오늘 회장 선거를 했다. 후보로 주희, 규태, 민채가 나왔다. 주희는 즐거운 반을 만들겠다고 했고, 규태는 깨끗한 반을 만들겠다고 했다. 민채는 자신이 뱉은 말은 무슨 일이 있어도 [        ] 나는 누굴 뽑을까 고민하다가 민채를 뽑았다.

① 칼을 빼 들겠다고 했다.

② 칼 같이 지키겠다고 했다.

③ 칼을 갈며 기다리겠다고 했다.

# 옐로스톤 국립 공원의 늑대들

19세기, 미국에서는 가축을 기르는 목축업자들이 늘어났습니다. 그런데 어느 날부터 가축이 사라지거나 죽는 일이 있었습니다. 목축업자들은 이 일의 범인을 찾기 위해 ㉠칼을 갈며 추적했습니다. 그리고 마침내 옐로스톤 국립 공원의 늑대들이 범인이라는 것을 알게 되었습니다. 사람들은 늑대를 사냥하기 시작했고, 옐로스톤 국립 공원에선 늑대를 볼 수 없게 되었습니다.

원래 옐로스톤 국립 공원은 수많은 종류의 동식물이 서식하는 곳이었습니다. 하지만 늑대가 사라지자 공원의 생태계* 평형이 깨졌습니다. 최상위 포식자*였던 늑대가 없어지자 초식 동물의 수가 빠르게 증가했습니다. 늘어난 초식 동물들이 나무, 풀 따위를 보이는 대로 먹어 치우자 땅이 급격하게 황폐*해졌습니다. 먹을 것이 없어지자 결국 다른 야생 동물들도 옐로스톤을 떠났습니다.

시간이 지날수록 옐로스톤 국립 공원의 생태계는 점점 파괴돼 갔고, 결국 미국 정부가 [ ㉡ ] 미국 정부는 옐로스톤 국립 공원의 생태계를 복원하기 위해 캐나다에 있던 늑대들을 옐로스톤 국립 공원으로 옮겨 왔습니다. 늑대들이 사냥을 시작하자 초식 동물의 수가 눈에 띄게 줄었고, 나무와 풀이 빠른 속도로 자랐습니다. 놀랍게도 생태계가 다시 평형을 이루게 된 것입니다.

이처럼 생태계 평형이란 어떤 지역에 살고 있는 생물의 종류와 수, 양이 균형을 이루며 안정된 상태를 유지하는 것을 뜻합니다. 옐로스톤 공원 사례에서 봤듯이 생태계 평형을 유지하기 위해서는 동식물이 공존해야 합니다.

＊**생태계**: 일정한 지역이나 환경에서 여러 생물들이 서로 적응하고 관계를 맺으며 어우러진 자연의 세계.
＊**포식자**: 다른 동물을 먹이로 하는 동물.
＊**황폐**: 땅이나 숲 등이 거칠어져 못 쓰게 됨.

**8** 목축업자들의 가축을 죽인 것은 누구인지 골라 보세요.　　　　　　(　　　　)

① 국립 공원의 초식 동물　　　　　　② 캐나다의 야생 동물

③ 미국 정부　　　　　　　　　　　④ 옐로스톤 국립 공원의 늑대

**9** ㉠과 의미가 비슷한 말을 골라 보세요.　　　　　　　　　　　(　　　　)

① 일을 이루기 위해 독한 마음을 먹으며　② 약속을 정확하게 지키며

③ 문제를 해결하려고　　　　　　　　④ 칼날을 날카롭게 만들며

**10** 일이 일어난 순서대로 번호를 써 보세요.　　(　　　→　　　→　　　→　　　)

① 초식 동물의 수가 눈에 띄게 줄었고, 나무와 풀이 빠른 속도로 자랐다.

② 사람들이 늑대를 사냥했고, 옐로스톤 국립 공원에서 늑대를 볼 수 없게 되었다.

③ 캐나다에 있던 늑대들을 옐로스톤 국립 공원으로 옮겨 왔다.

④ 늘어난 초식 동물들이 나무, 풀을 먹어 치워서 땅이 황폐해졌다.

**11** 다음 문장을 읽고 빈칸에 들어갈 알맞은 말을 글에서 찾아 써 보세요.　(　　　　)

> 어떤 지역에 살고 있는 생물의 종류와 수, 양이 균형을 이루며 안정된 상태를
> 유지하는 것을 '생태계 [　　　]'이라고 합니다.

**12** ㉡에 들어갈 관용어로 알맞은 것을 골라 보세요.　　　　　　　(　　　　)

① 칼을 갈았습니다.　　　　　　　② 칼 같았습니다.

③ 칼을 빼 들었습니다.　　　　　　④ 칼로 물 베기였습니다.

**1** 다음 관용어에 알맞은 뜻풀이를 찾아 선으로 이어 보세요.

(1) 돈방석에 앉다.　● 　　● 썩 많은 돈을 가져 안락한 처지가 되다.

(2) 주머니를 털다.　● 　　● 가지고 있는 돈을 모두 내놓다.

(3) 문이 좁다.　● 　　● 일을 이루기 위해 독한 마음을 먹다.

(4) 칼을 갈다.　● 　　● 가지고 있는 돈이 적다.

(5) 주머니가 가볍다.　● 　　● 이루어질 확률이 낮다.

**2** 다음 뜻풀이에 알맞은 관용어를 보기 에서 골라 써 보세요.

| 보기 | 문을 닫다 | 비단 방석에 앉다 | 칼을 빼 들다 | 주머니가 넉넉하다 |

(1) 문제를 해결하려고 하다.　　　　　　　　　( 　　　　　　　 )

(2) 경영하던 일을 그만두고 폐업하다.　　　　( 　　　　　　　 )

(3) 돈을 충분하게 가지고 있다.　　　　　　　( 　　　　　　　 )

(4) 훌륭하고 보람 있는 지위나 자리를 차지하다.　( 　　　　　　 )

**3** 괄호 안에 들어갈 알맞은 말을 골라 ○ 해 보세요.

(1) 땅이 비싼 값에 팔려 우리 가족은 ( 가시방석 / 돈방석 )에 앉게 되었다.

(2) 할아버지는 공부를 더 하고 싶으시다며 대학 ( 문 / 칼 )을 두드리셨다.

(3) 현아는 ( 주머니 / 먼지 )를 털어서 가진 돈 전부를 동생에게 주었다.

**4** 괄호 안에 들어갈 알맞은 말을 보기에서 골라 써 보세요.

| 보기 | 주머니 | 가시방석 | 칼 | 문 |

오늘은 친구들과 영화를 보러 가기로 했다. 그런데 늦잠을 자서 약속 시간에 30분이나 늦었다. 수빈이와 희재는 (                ) 같이 약속 시간에 맞춰서 나왔는데, 나만 늦었다. 친구들에게 미안해서 (                )에 앉은 기분이었다. 그래서 미안하다고 사과하며 내가 맛있는 걸 사겠다고 했다. 어제 용돈을 받아서 (                )가 넉넉했기 때문이다.

**5** 괄호 안에 들어갈 알맞은 말을 골라 ○ 해 보세요.

(1) 선수들은 모두 프로가 되길 원하지만 프로가 되는 문은 매우 ( 좁다. / 같다. )

(2) 그들은 2년 동안 칼을 ( 빼 들며 / 갈며 ) 연극 공연을 준비했다.

(3) 형주는 주머니가 ( 가벼워서 / 넉넉해서 ) 앞으로 절약하며 지내기로 마음먹었다.

**6** 괄호 안에 들어갈 알맞은 말을 **보기** 에서 골라 써 보세요.

> **보기**　　　　　빼 들었다　　　　　털어서　　　　　닫았다

(1) 가게를 찾는 손님이 점점 줄어들자 인호는 결국 가게 문을 (　　　　　).

(2) 정부가 불법 주차 문제를 해결하기 위해 칼을 (　　　　　).

(3) 지안이는 주머니를 (　　　　　) 갖고 싶었던 장난감을 샀다.

**7** 밑줄 친 부분과 뜻이 비슷한 관용어를 **보기** 에서 골라 그 기호를 써 보세요.

> **보기**　　　⊙ 돈방석에 앉다　　⊙ 가시방석에 앉다　　ⓒ 칼 같다

(1) 그는 자신의 실수로 일이 잘못되자 **불안하고 초조한 느낌이 들었다.**　　　(　　　)

(2) 동우는 공부하는 시간만큼은 **정해진 것을 정확하게 지켰다.**　　　(　　　)

(3) 현호는 사업에 크게 성공해 **많은 돈을 가져 안락한 처지가 됐다.**　　　(　　　)

**8** 다음 문장에서 밑줄 친 부분을 바르게 고쳐 써 보세요.

(1) 그녀가 사원에서 사장으로 승진하자 **가시방석**에 앉았다며 모두 부러워했다.

→

(2) 그 회사는 해외 시장의 문을 계속 **닫은** 덕분에 해외 진출에 성공했다.

→

(3) 그는 주머니가 **털려서** 아이들이 사 달라고 하는 것은 모두 사 주었다.

→

(4) 은채는 대학을 졸업했지만, 취업 문이 **가벼워서** 아직까지 일자리를 구하지 못했다.

→

**9** 다음 글에서 해은이의 상황에 어울리는 관용어는 무엇인지 골라 보세요. (          )

> "해은아, 연주 실력이 엄청 늘었구나! 이번 대회에서는 네가 1등 할 것 같아."
>
> "지난 대회에서 2등을 했잖아. 이번엔 1등 하고 싶어서 정말 열심히 연습했어."

① 칼을 갈다　　　　　　　② 돈방석에 앉다

③ 문을 닫다　　　　　　　④ 주머니를 털다

# 물건과 관련된 다의어

　두 가지 이상의 뜻을 지닌 낱말을 '다의어'라고 해요. 다의어는 한 낱말의 의미가 확장된 것으로, 의미상 관련이 있기 때문에 국어사전에서도 한 낱말에 여러 가지 뜻이 제시되어 있어요. 다의어 '줄'에 대해 알아볼까요?

## 중심 의미

한 단어가 여러 의미를 지닐 때 그 가운데서
가장 기본적이고 핵심적인 의미를 '중심 의미'라고 해요.
줄의 중심 의미는 무엇을 묶거나 매는 데 쓰는
가늘고 긴 물건을 뜻해요.

　㉖ 바람에 날아갈 만한 물건을
　　나무에 줄로 단단히 묶어 놓았다.

## 주변 의미

중심 의미로부터 확장된 의미를 '주변 의미'라고 해요.

### 1) 단위

줄이 '길게 늘어서 있는 사람이나 물건을 세는 단위'로
쓰이기도 해요. 이때 줄은 수량을 나타내는 말 뒤에 와요.

　㉖ 사람들은 한 줄로 나란히 섰다.

### 2) 선

줄이 '길게 바로 그어진 선'의 의미로 쓰이기도 해요.

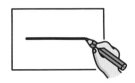

　㉖ 영재는 중요한 부분에 줄을 그으며 책을 읽었다.

# 4단원 '사람과 동물'

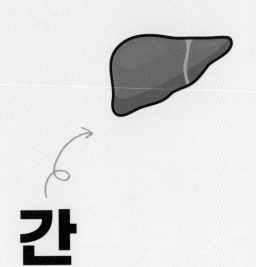

# 간

# 간이 콩알만 해지다

: 몹시 두려워지거나 무서워지다.

**1** 다음 문장을 읽고 빈칸에 공통으로 들어갈 알맞은 말을 써 보세요. (          )

- ☐은 몸속에서 독성 물질을 없애는 작용을 하는 기관이에요.
- 사람의 몸 안에 있는 내장 기관 중에 가장 큰 것은 ☐이에요.

**2** 다음 뜻풀이에 알맞은 관용어를 찾아 선으로 이어 보세요.

(1) 몹시 두려워지거나 무서워지다.  •

•  간에 기별도 안 가다.

(2) 겁이 없고 매우 용감하다.  •

•  간이 콩알만 해지다.

(3) 너무 조금 먹어서 먹은 것
같지도 않다.  •

•  간이 크다.

# 간이 크다

: 겁이 없고 매우 용감하다.

# 간에 기별*도 안 가다

: 너무 조금 먹어서 먹은 것 같지도 않다.

*기별: 소식을 적은 종이. (간에 음식 소식을 보내지 못할 만큼 적게 먹다.)

**3** 다음 문장을 읽고 빈칸에 들어갈 알맞은 말을 보기 에서 골라 써 보세요.

| 보기 | 콩알만 해졌다 | 큰 | 기별도 안 간다 |
|------|------------|-----|-------------|

(1) 사과 한 개만 먹어서는 간에 ☐ ☐ ☐ ☐ ☐ ☐ .

(2) 어떤 간 ☐ 도둑이 경찰서 바로 옆집을 털어 갔다.

(3) 내가 그릇을 깬 사실을 엄마께 들킬까 봐 간이 ☐ ☐ ☐ ☐ ☐ ☐ ☐ .

**4** 밑줄 친 부분과 뜻이 비슷한 말을 골라 보세요. ( )

초보 운전자인 민서는 운전할 때마다 **간이 콩알만 해졌다.**

① 겁이 없고 매우 용감했다.

② 몹시 두려워지거나 무서워졌다.

③ 너무 조금 먹어서 먹은 것 같지도 않았다.

**5** 밑줄 친 부분과 바꾸어 쓸 수 있는 말을 골라 보세요. ( )

그는 **겁이 없고 매우 용감해서** 자신보다 덩치가 큰 선수를 만나도 긴장하지 않았다.

① 간이 커서

② 간이 콩알만 해져서

③ 간에 기별도 안 가서

**6** 다음 중 관용어 '간에 기별도 안 가다'를 바르게 사용한 친구를 골라 보세요. (        )

> 슬기: 새로 생긴 식당에 갔는데 음식량이 너무 적어서 **간에 기별도 안 갔어.**
>
> 병호: 영화에서 갑자기 귀신이 나오는 바람에 깜짝 놀라서 **간에 기별도 안 갔어.**

① 슬기

② 병호

③ 슬기, 병호

**7** 다음 대화를 읽고 빈칸에 들어갈 내용으로 알맞은 것을 골라 보세요. (        )

승아야, 어제 번지 점프를 했다며? 무섭지 않았어?

응. 하늘을 나는 기분이 들어서 정말 짜릿했어.

엄청 높은 곳에서 뛰어내리던데…… . 넌 정말 [        ]

① 간에 기별도 안 갔구나.

② 간이 콩알만 해졌구나.

③ 간이 크구나.

# 여동생을 챙기는 멋진 오빠의 모습

〈해님 달님〉은 해와 달이 된 오누이에 대한 이야기입니다. 오누이는 오빠와 여동생을 뜻합니다. 저와 동생 예진이도 오누이 사이라서 이 책에 관심이 생겼고, 왜 오누이가 각각 해와 달이 되었는지 궁금해서 읽게 되었습니다.

오누이의 어머니는 장터에서 떡을 팔고 집으로 돌아가다가 호랑이를 만났습니다. 호랑이가 어머니에게 떡 한 개를 주면 잡아먹지 않겠다고 말하자 어머니는 호랑이에게 떡을 주었습니다. 하지만 호랑이는 어머니가 갖고 있던 떡을 다 먹은 뒤에도 ㉠**간에 기별도 안 간다며** 어머니까지 잡아먹었습니다.

호랑이는 어머니의 옷을 입고 오누이가 있는 집으로 갔습니다. 호랑이는 어머니의 목소리까지 흉내 내며 문을 열라고 했습니다. 하지만 오누이는 어머니가 아니라 호랑이라는 것을 알아차렸습니다. 만약 저였다면 ㉡ ⬚⬚⬚⬚⬚ 오빠는 겁내지 않고 침착하게 여동생을 데리고 나무 위로 올라갔습니다. 호랑이가 오누이를 쫓아오자 오빠는 하늘을 보며 살려 달라고 빌었습니다. 그러자 하늘에서 새 동아줄*이 내려왔습니다. 오누이가 동아줄을 타고 하늘로 올라가는 모습을 본 호랑이도 하늘에 빌었습니다. 그러자 썩은 동아줄이 내려왔습니다. 호랑이는 그 동아줄을 타고 올라가다가 떨어져 죽고 말았습니다. 하늘로 올라간 동생은 해님, 오빠는 달님이 되었습니다. 어두운 밤을 무서워하는 동생을 위해 오빠가 낮을 양보했기 때문입니다.

〈해님 달님〉을 읽고 위험한 상황에서도 동생을 먼저 챙기는 오빠의 모습이 가장 인상 깊었습니다. 앞으로는 저도 동생을 잘 챙기는 오빠가 될 것입니다.

＊**동아줄**: 굵고 튼튼하게 꼬아 만든 줄.

**8**  오빠가 살려 달라고 빌자 하늘에서 무엇이 내려왔는지 골라 보세요.  (          )

① 호랑이와 떡                    ② 썩은 동아줄

③ 해님과 달님                    ④ 새 동아줄

**9**  ㉠과 의미가 비슷한 말을 골라 보세요.  (          )

① 몹시 두려워진다며              ② 겁이 없고 매우 용감하다며

③ 조금 먹어서 먹은 것 같지도 않다며   ④ 속이 울렁거린다며

**10**  이 글을 읽고 올바르게 말한 친구를 모두 골라 보세요. [2개]  (          )

① **준호**: 호랑이에 대해 새롭게 알게 된 내용을 중심으로 독서 감상문을 썼어.

② **보형**: 주인공과 같은 상황에서 자신이라면 어떻게 했을지 비교하면서 썼어.

③ **소민**: 호랑이가 어머니를 흉내 냈던 부분이 가장 인상 깊고, 재미있었다고 썼어.

④ **세희**: 마지막 부분에는 동생이 있는 오빠의 입장에서 느낀 점을 중심으로 썼어.

**11**  다음 문장을 읽고 빈칸에 들어갈 알맞은 말을 글에서 찾아 써 보세요.  (          )

> 오빠는 밤을 무서워하는 동생에게 낮을 [     ]하고 달님이 됐습니다.

**12**  ㉡에 들어갈 관용어로 알맞은 것을 골라 보세요.  (          )

① 간이 콩알만 해졌을 텐데,        ② 간을 꺼내어 주었을 텐데,

③ 간이 커졌을 텐데,              ④ 간에 기별도 안 갔을 텐데,

정답과 해설 142쪽

## 침

## 침을 튀기다

: 열을 올리며 말하다.

---

**1** 다음 문장을 읽고 빈칸에 공통으로 들어갈 알맞은 말을 써 보세요. ( )

- 길거리에 쓰레기를 버리거나 ☐ 을 뱉으면 안 돼요.
- 고기 냄새가 풍기자 여기저기서 ☐ 넘어가는 소리가 났어요.

**2** 다음 뜻풀이에 알맞은 관용어를 찾아 선으로 이어 보세요.

(1)  열을 올리며 말하다. ● ● 침을 튀기다.

(2)  몹시 가지고 싶거나 먹고 싶어 하다. ● ● 침 발라 놓다.

(3)  자기 소유임을 표시하다. ● ● 침을 삼키다.

# 침을 삼키다

: 몹시 가지고 싶거나 먹고 싶어 하다.

# 침 발라 놓다

: 자기 소유임을 표시하다.

**3** 다음 문장을 읽고 빈칸에 들어갈 알맞은 말을 **보기** 에서 골라 써 보세요.

| **보기** | 발라 놓고 | 삼키며 | 튀기며 |
|---|---|---|---|

(1) 혜지는 고기에 침 ☐☐ ☐☐ 다른 사람들은 손도 못 대게 했다.

(2) 연준이는 가게 점원이 침을 ☐☐ 추천한 제품을 구매했다.

(3) 세형이는 침을 ☐☐ 갓 구운 빵을 바라보았다.

**4** 밑줄 친 부분과 뜻이 비슷한 말을 골라 보세요.                    (        )

> 지윤이는 자기가 좋아하는 연예인 이야기만 나오면 **침을 튀기며** 흥분한다.

① 자기 소유임을 표시하면서

② 몹시 가지고 싶어 하면서

③ 열을 올리며 말하면서

**5** 밑줄 친 부분과 바꾸어 쓸 수 있는 말을 골라 보세요.              (        )

> 훈정이는 저녁에 먹으려고 **자기 소유임을 표시해 둔** 과자가 없어져서 당황했다.

① 침을 삼켰던

② 침 발라 놓았던

③ 침을 튀겼던

**6** 다음 중 '침을 삼키다'가 관용어로 사용된 문장을 골라 보세요. ( )

> ㉠ 기은이는 감기에 걸렸는지 **침을 삼킬** 때마다 목이 무척 아팠다.
>
> ㉡ 송주는 가게에 전시된 장난감을 보면서 **침을 삼켰다.**

① ㉠

② ㉡

③ ㉠, ㉡

**7** 다음 대화를 읽고 빈칸에 들어갈 내용으로 알맞은 것을 골라 보세요. ( )

지민아, 우리 저기 앉을까?

얘들아, 미안한데 저긴 내가 [ ] 자리야.
다른 곳에 앉는 게 어때?

① 침을 튀긴

② 침을 삼킨

③ 침 발라 놓은

# 해인사 팔만대장경판

연지네 가족은 세계 기록 유산인 팔만대장경*판을 보기 위해 경상남도 합천군에 있는 해인사를 찾았어요. 해인사 안쪽으로 가자 팔만대장경판이 보관된 장경판전 건물이 보였어요. 나무 창살 사이로 팔만대장경판을 볼 수 있었지요. 엄마가 연지에게 팔만대장경판에 대해 설명해 주셨어요.

"팔만대장경판은 고려 때 부처님의 말씀을 목판에 새긴 것인데, 목판의 수가 8만여 개라 팔만대장경판이라고 해. 2007년에 세계 기록 유산으로 지정됐어."

연지가 여러 종교 중에 왜 부처님의 말씀만 목판에 새긴 것인지 궁금해하자 역사와 문화재에 관심이 많은 오빠가 ㉠**침을 튀기며** 말하기 시작했어요.

"고려 시대에는 왕실부터 일반 백성까지 불교를 믿었거든. 그래서 나라에 어려운 일이 생기면 부처님의 말씀을 되새겼어. 부처님의 힘으로 어려운 상황을 헤쳐 나가려고 한 것이지. 고려 때 처음 만든 대장경은 초조대장경이야. 거란의 침입을 물리치기 위해 만들었는데, 이후 몽골이 침입했을 때 불타서 없어졌어. 그래서 몽골을 물리치고자 하는 소망을 담아서 다시 만든 것이 팔만대장경판이야. 그리고 팔만대장경판을 한지에 인쇄한 것이 팔만대장경인데, 강원도 평창군 월정사에 보관되어 있어."

설명을 들은 부모님과 연지가 박수를 쳐 주자 오빠는 무척 뿌듯해했어요.

집으로 돌아가는 길에 기념품 가게가 보였어요. 오빠는 가게에서 판매하는 팔만대장경판 모양의 자석을 보자 갖고 싶다며 　　㉡　　 부모님께서 오빠 덕분에 팔만대장경판에 대해 잘 알게 되었다며 기념품을 사 주셨답니다.

---

*\***대장경**: 불교의 기본 원리와 가르침을 적은 불경을 모아 엮은 여러 책.

**8** 고려 시대에는 왕실부터 백성까지 어떤 종교를 믿었는지 골라 보세요. ( )

① 기독교                 ② 이슬람교

③ 불교                   ④ 천주교

**9** ㉠과 의미가 비슷한 말을 골라 보세요. ( )

① 자기 소유임을 표시하며      ② 바닥에 침을 뱉으며

③ 몹시 가지고 싶어하며        ④ 열을 올리며

**10** 일이 일어난 순서대로 번호를 써 보세요. ( → → → )

① 몽골이 고려를 침입했고, 기존에 있던 대장경이 불타서 없어졌습니다.

② 목판의 수가 8만여 개인 팔만대장경판을 만들었습니다.

③ 거란의 침입을 물리치기 위해 초조대장경을 만들었습니다.

④ 팔만대장경판이 세계 기록 유산으로 지정되었습니다.

**11** 다음 문장을 읽고 빈칸에 들어갈 알맞은 말을 글에서 찾아 써 보세요. ( )

> ☐은 팔만대장경판이 보관된 건물로, 경남 합천군 해인사에 있어요.

**12** ㉡에 들어갈 관용어로 알맞은 것을 골라 보세요. ( )

① 침을 튀겼어요.          ② 침을 삼켰어요.

③ 침을 뱉었어요.          ④ 침 발라 놓았어요.

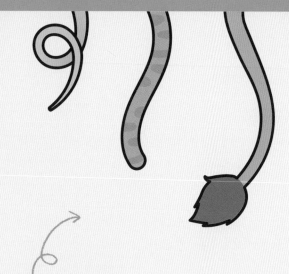

# 꼬리

# 꼬리에 꼬리를 물다

: 계속 이어지다.

**1** 다음 문장을 읽고 빈칸에 공통으로 들어갈 알맞은 말을 써 보세요.　　( 　　　　　 )

- 우리 강아지는 가족을 보면 [　　　]를 흔들며 반가워해요.
- 동물마다 생김새가 다르듯이 [　　　]의 모양도 종마다 달라요.

**2** 다음 뜻풀이에 알맞은 관용어를 찾아 선으로 이어 보세요.

(1) 계속 이어지다. ● 　　　　　 ● 꼬리를 감추다.

(2) 자취를 감추고 숨다. ● 　　　　　 ● 꼬리를 밟히다.

(3) 숨겼던 행적을 들키다. ● 　　　　　 ● 꼬리에 꼬리를 물다.

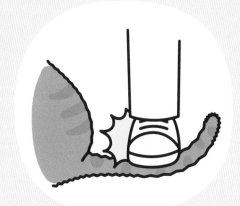

# 꼬리를 감추다

: 자취<sup>*</sup>를 감추고 숨다.

# 꼬리를 밟히다

: 숨겼던 행적<sup>*</sup>을 들키다.

*자취: 어떤 것이 남긴 표시나 흔적.    *행적: 나쁜 행실로 남긴 흔적.

**3** 다음 문장을 읽고 빈칸에 들어갈 알맞은 말을 **보기** 에서 골라 써 보세요.

| 보기 | 감추고 | 밟혔다 | 꼬리를 물고 |
|---|---|---|---|

(1) 그는 자신의 범죄 사실이 드러나자 꼬리를 ☐☐☐ 달아났다.

(2) 소문은 꼬리에 ☐☐☐☐☐ 주변으로 퍼져 나갔다.

(3) 범인은 CCTV를 추적한 경찰에게 꼬리를 ☐☐☐ .

**4** 밑줄 친 부분과 뜻이 비슷한 말을 골라 보세요. ( )

> 정수는 친구의 장난감을 망가뜨리고는 얼른 집으로 도망가 **꼬리를 감추었다.**

① 계속 이어졌다.

② 숨겼던 행적을 들켰다.

③ 자취를 감추고 숨었다.

**5** 밑줄 친 부분과 바꾸어 쓸 수 있는 말을 골라 보세요. ( )

> 요즘 나쁜 일이 **계속 이어지며** 일어나서 집안 분위기가 좋지 않다.

① 꼬리를 밟히며

② 꼬리를 감추며

③ 꼬리에 꼬리를 물고

**6** 다음 중 '꼬리를 밟히다'가 관용어로 사용된 문장을 골라 보세요. ( )

> ㉠ 강아지가 **꼬리를 밟히자** 깨갱 소리를 냈다.
>
> ㉡ 그녀는 훔친 물건을 온라인 판매 사이트에 올리는 바람에 **꼬리를 밟혔다.**

① ㉠

② ㉡

③ ㉠, ㉡

**7** 다음 일기를 읽고 빈칸에 들어갈 내용으로 알맞은 것을 골라 보세요. ( )

> <u>20○○년 9월 ○일</u>
>
> 내일은 새로운 학교에 처음 등교하는 날이다. 이사를 하면서 전학하게 됐기 때문이다. 내일 어떤 옷을 입으면 좋을지, 친구들에게 자기소개는 어떻게 해야 좋을지 수많은 걱정이
>
> [          ] 잠이 오지 않는다.

① 꼬리에 꼬리를 물어서

② 꼬리를 감추어서

③ 꼬리를 밟혀서

# 충치가 생긴 이유

유진이는 사탕, 과자 같은 달콤한 간식을 좋아해서 매일 먹습니다. 하지만 귀찮아서 혹은 깜빡 잠드는 바람에 양치질을 하지 않을 때가 많았습니다. 그런데 어느 날, 간식을 먹을 때마다 이가 아팠고 심지어 흔들리는 이도 있었습니다.

'이가 썩은 걸까? 흔들리는 이는 뽑아야 하나? 치과에 가기 무서운데……'

그날 밤, 걱정이 ㉠ [            ] 떠올라서 유진이는 한숨도 못 잤습니다.

다음 날에 엄마께서 유진이에게 초등학교에 입학하기 전에 치아 상태도 점검하고, 충치가 있는지 확인할 겸 치과에 가자고 하셨습니다. 겁이 난 유진이는 옷장 안에 숨어 ㉡<u>**꼬리를 감추었습니다.**</u> 그리고 깜빡 잠이 들었습니다. 저녁이 돼서야 잠에서 깬 유진이가 옷장에서 나오자, 부모님은 온종일 찾았다고 말씀하셨습니다. 유진이는 치과에 가는 것이 무서워 그랬다며 죄송하다고 했습니다.

다음 날, 유진이는 엄마와 치과에 갔습니다. 의사 선생님께서 유진이의 입 안을 살펴보시더니 충치가 한 개 있고, 유치*가 몇 개 흔들린다고 하셨습니다.

"유진아, 입 안에는 세균이 매우 많단다. 음식을 먹고 난 뒤에 이를 닦지 않으면 음식물 찌꺼기가 입 안에 남게 돼. 세균과 찌꺼기가 만나면 이가 썩고, 충치가 생기는 거지. 그러니까 음식을 먹은 뒤에는 양치질을 꼭 해야 해. 그리고 지금 흔들리는 이는 어릴 때 사용하는 유치야. 유치가 빠지면 영구치*가 나는데, 영구치는 평생 써야 해. 그러니까 양치질을 더욱 열심히 해야겠지?"

유진이는 양치질을 잘하는 어린이가 되겠다고 의사 선생님과 약속했습니다.

*유치: 유아기에 처음 나서 영구치로 갈기 전까지 사용하는 이.
*영구치: 유치가 빠진 뒤에 나는 이와 뒤어금니를 통틀어 이르는 말.

**8** 엄마가 유진이에게 왜 치과에 가자고 했는지 모두 골라 보세요. 2개 ( )

① 치아 상태를 점검하려고   ② 흔들리는 치아를 뽑으려고

③ 충치가 있는지 확인하려고   ④ 올바른 양치질을 배우려고

**9** ㉠에 들어갈 관용어로 알맞은 것을 골라 보세요. ( )

① 꼬리를 감추며   ② 꼬리를 밟히며

③ 꼬리에 꼬리를 물고   ④ 꼬리가 길게

**10** 이 글을 읽고 올바르지 <u>않게</u> 말한 친구를 모두 골라 보세요. 2개 ( )

① **지민:** 음식을 먹은 뒤에 양치질을 하지 않으면 충치가 생길 수 있어.

② **영주:** 의사 선생님께서 유진이의 입 안을 보시더니 충치가 많다고 하셨어.

③ **휘영:** 영구치는 평생 써야 하는 이니까 양치질을 더욱 열심히 해야겠어.

④ **찬희:** 의사 선생님께서 영구치가 빠지면 유치가 난다고 하셨어.

**11** 다음 문장을 읽고 빈칸에 들어갈 알맞은 말을 글에서 찾아 써 보세요. ( )

> 유진이는 [ ]을 잘하는 어린이가 되겠다고 의사 선생님과 약속했습니다.

**12** ㉡과 의미가 비슷한 말을 골라 보세요. ( )

① 계속 이어졌어요.   ② 숨겼던 행적을 들켰어요.

③ 등 뒤로 숨겼어요.   ④ 자취를 감추고 숨었어요.

## 쥐

## 쥐도 새도 모르게

: 아무도 알 수 없게 감쪽같이.

---

**1** 다음 문장을 읽고 빈칸에 공통으로 들어갈 알맞은 말을 써 보세요.          (          )

> • 밤새 ☐ 가 찍찍거려서 한숨도 자지 못했어요.
>
> • 고양이가 눈을 번뜩이면서 ☐ 를 노려보고 있어요.

**2** 다음 뜻풀이에 알맞은 관용어를 찾아 선으로 이어 보세요.

(1) 아무도 알 수 없게 감쪽같이.          •                    •  쥐도 새도 모르게

(2) 부끄럽거나 곤란하여
    어디에라도 숨고 싶어 하다.          •                    •  독 안에 든 쥐

(3) 궁지에서 벗어날 수 없는 처지.          •                    •  쥐구멍을 찾다.

## 쥐구멍을 찾다

: 부끄럽거나 곤란하여
어디에라도 숨고 싶어 하다.

## 독 안에 든 쥐

: 궁지에서 벗어날 수 없는 처지.

**3** 다음 문장을 읽고 빈칸에 들어갈 알맞은 말을 보기 에서 골라 써 보세요.

| 보기 | 독 안에 든 | 새도 모르게 | 쥐구멍을 |
|---|---|---|---|

(1) 가방에 넣어 둔 봉투가 쥐도 ☐☐ ☐☐☐ 없어졌다.

(2) 민규는 실수가 들통나자 ☐☐☐☐ 찾고 싶은 심정이었다.

(3) 막다른 골목에 몰린 도둑은 ☐☐☐☐☐ 쥐와 같았다.

**4** 밑줄 친 부분과 뜻이 비슷한 말을 골라 보세요. ( )

> 그가 도망가면서 다리를 끊는 바람에 남은 사람들은 **독 안에 든 쥐**가 되었다.

① 궁지에서 벗어날 수 없는 처지

② 아무도 알 수 없게 감쪽같이

③ 곤란해서 어디에라도 숨고 싶은 상태

**5** 밑줄 친 부분과 바꾸어 쓸 수 있는 말을 골라 보세요. ( )

> 준하는 음악 시험을 보던 중 가사를 까먹자 **부끄러워서 어디에라도 숨고 싶었다.**

① 쥐구멍을 찾고 싶었다.

② 쥐도 새도 모르게 가사를 보고 싶었다.

③ 독 안에 든 쥐가 되고 싶었다.

**6** 다음 중 '쥐도 새도 모르게'가 관용어로 사용된 문장을 골라 보세요. ( )

> ㉠ 범인은 결정적인 증거를 **쥐도 새도 모르게** 전부 없앴다.
>
> ㉡ 회사에서 할인 혜택을 **쥐도 새도 모르게** 없애자 고객들의 불만이 폭발했다.

① ㉠

② ㉡

③ ㉠, ㉡

**7** 다음 대화를 읽고 빈칸에 들어갈 내용으로 알맞은 것을 골라 보세요. ( )

'올해의 배우상'을 수상하신 김동원 씨, 소감 한마디 부탁드립니다.

10년 전, 첫 영화를 찍던 때에 실수를 많이 했던 기억이 나네요. 그때만 생각하면 부끄러워서 _____ 하지만 그 시절이 있었기 때문에 이렇게 상을 타게 된 것 같습니다.

① 쥐도 새도 모르게 사라졌습니다.

② 쥐구멍을 찾고 싶은 심정입니다.

③ 독 안에 든 쥐 신세입니다.

# 벌레잡이통풀

강낭콩, 소나무 같은 식물은 살아가는 데 필요한 영양분을 스스로 만듭니다. 뿌리로는 흙 속의 영양분과 물을 흡수하고, 잎에서는 햇빛을 받아 광합성*을 해서 영양분을 만들어 냅니다. 하지만 빛이 잘 들지 않는 곳이나 암벽, 습지* 등에 뿌리를 내린 식물은 영양분을 충분히 만들기가 어렵습니다. 이런 환경에서 사는 식물들은 곤충이나 벌레 같은 작은 동물을 잡아먹으면서 부족한 영양분을 보충합니다. 이러한 식물을 '식충 식물' 또는 '벌레잡이 식물'이라고 부릅니다.

잎이 긴 주머니 모양인 '벌레잡이통풀'도 식충 식물에 속합니다. 벌레잡이통풀은 잎 가장자리에 있는 꿀샘*에서 향긋한 냄새를 풍겨 곤충이 다가오게 합니다. 그런데 벌레잡이통풀의 잎 안쪽은 매우 미끄럽습니다. 냄새를 맡고 온 곤충은 잎에 닿는 순간 미끄러지며 주머니 모양의 잎 속으로 빠지게 되는데, 그때부터 ⬚⬚⬚⬚ ㉠ ⬚⬚⬚⬚ 절대 밖으로 나갈 수 없기 때문입니다.

주머니 모양의 잎 속에는 곤충을 소화할 수 있는 소화액이 들어 있습니다. 소화액에 빠진 곤충은 서서히 분해되어 벌레잡이통풀의 영양분이 됩니다. 딱정벌레처럼 단단한 껍데기를 가진 곤충은 껍데기만 남고, 파리나 모기 같은 곤충은 소화액에 의해 분해되어 ㉡**쥐도 새도 모르게** 사라집니다.

식충 식물에는 이 외에도 조개처럼 생긴 잎으로 곤충을 잡아먹는 '파리지옥', 끈적한 액체를 이용해 곤충을 잡아먹는 '끈끈이주걱' 등이 있습니다.

---

＊**광합성**: 녹색 식물이 태양 에너지를 이용해 이산화 탄소, 물로 영양분을 만들어 내는 과정.
＊**습지**: 습기가 많은 축축한 땅.
＊**꿀샘**: 꽃이나 잎 따위에서 단물을 내는 조직이나 기관.

**8** 살아가는 데 필요한 영양분을 스스로 만드는 것을 골라 보세요. (  )

① 파리지옥　　　　　　　　　② 벌레잡이통풀

③ 끈끈이주걱　　　　　　　　④ 소나무

**9** ㉠에 들어갈 말로 알맞은 것을 골라 보세요. (  )

① 쥐구멍을 찾는 데 성공합니다.　　② 독 안에 든 쥐가 됩니다.

③ 쥐구멍에도 볕 들 날이 있습니다.　④ 쥐도 새도 모르게 도망갑니다.

**10** 벌레잡이통풀에 대한 설명으로 맞으면 ○, 틀리면 ✕ 하세요.

(1) 곤충을 잡아먹으면서 부족한 영양분을 보충한다. ┄┄┄┄┄ (  )

(2) 잎 가장자리에서 향긋한 냄새를 풍겨서 곤충이 다가오게 한다. ┄┄ (  )

(3) 주머니 모양의 잎 속에 있는 꿀샘에서 소화액을 분비한다. ┄┄ (  )

(4) 줄기 안쪽이 미끄러워서 이곳에 곤충이 닿으면 미끄러진다. ┄┄ (  )

**11** 다음 문장을 읽고 빈칸에 들어갈 알맞은 말을 글에서 찾아 써 보세요. (  )

> 곤충이나 벌레 같은 작은 동물을 잡아먹는 식물을 '□ 식물'이라고 합니다.

**12** ㉡과 의미가 비슷한 말을 골라 보세요. (  )

① 고양이가 무서워서　　　　　② 궁지에서 벗어날 수 없는 처지라

③ 부끄러워서 숨고 싶어서　　　④ 아무도 알 수 없게 감쪽같이

**1** 다음 관용어에 알맞은 뜻풀이를 찾아 선으로 이어 보세요.

(1) 간에 기별도 안 가다. ●    ● 아무도 알 수 없게 감쪽같이.

(2) 침 발라 놓다. ●    ● 너무 조금 먹어서 먹은 것 같지도 않다.

(3) 꼬리에 꼬리를 물다. ●    ● 자기 소유임을 표시하다.

(4) 쥐도 새도 모르게 ●    ● 계속 이어지다.

(5) 간이 콩알만 해지다. ●    ● 몹시 두려워지거나 무서워지다.

**2** 다음 뜻풀이에 알맞은 관용어를 보기 에서 골라 써 보세요.

| 보기 | 꼬리를 밟히다 | 침을 삼키다 | 독 안에 든 쥐 | 간이 크다 |
| --- | --- | --- | --- | --- |

(1) 궁지에서 벗어날 수 없는 처지.    (                    )

(2) 겁이 없고 매우 용감하다.    (                    )

(3) 숨겼던 행적을 들키다.    (                    )

(4) 몹시 가지고 싶거나 먹고 싶어 하다.    (                    )

**3** 괄호 안에 들어갈 알맞은 말을 골라 ○ 해 보세요.

(1) "내가 ( 간 / 침 ) 발라 놓은 과자에 손 댈 생각하지 마."

(2) 경찰이 들이닥쳤을 때는 범인이 이미 ( 꼬리 / 쥐 )를 감춘 뒤였다.

(3) 윤지는 길에서 넘어지자 너무 창피해서 ( 쥐구멍 / 독 )이라도 찾고 싶었다.

**4** 괄호 안에 들어갈 알맞은 말을 보기 에서 골라 써 보세요.

| 보기 | 침 | 간 | 꼬리 | 쥐 |
|------|------|------|------|------|

오늘 아침에 실수로 그릇을 깼다. 그런데 하필이면 엄마가 아끼시는 그릇이었다. 엄마가 늘 조심히 다뤄야 한다고 (          )을 튀기며 얘기하셨던 그릇이었다. 엄마께 혼날까 봐 무서워서 깨진 그릇 조각을 (          )도 새도 모르게 치웠다. 저녁에 엄마가 퇴근하고 오셨을 때, 내가 그릇을 깬 사실을 들킬까 봐 (          )이 콩알만 해졌다.

**5** 괄호 안에 들어갈 알맞은 말을 골라 ○ 해 보세요.

(1) 아침을 간에 ( 기별도 안 가게 / 콩알만 해지게 ) 먹었더니 벌써 배가 고프다.

(2) 도로에는 차들이 꼬리에 꼬리를 ( 물고 / 감추고 ) 늘어서 있었다.

(3) 근영이는 눈앞에 차려진 진수성찬을 보고 침을 ( 삼켰다. / 튀겼다. )

**6** 괄호 안에 들어갈 알맞은 말을 **보기** 에서 골라 써 보세요.

| **보기** | 밟혔다 | 커서 | 찾고 |
|---|---|---|---|

(1) 태호는 간이 (　　　　　　　　) 자기보다 키가 큰 선수와 시합할 때도 긴장하지 않았다.

(2) 경찰의 수사가 계속되자 범인은 결국 꼬리를 (　　　　　　　).

(3) 주은이는 자신의 실수가 밝혀지자 쥐구멍이라도 (　　　　　　) 싶었다.


**7** 밑줄 친 부분과 뜻이 비슷한 관용어를 **보기** 에서 골라 그 기호를 써 보세요.

| **보기** | ㉠ 꼬리를 감추다 | ㉡ 꼬리에 꼬리를 물다 | ㉢ 독 안에 든 쥐 |
|---|---|---|---|

(1) 자신의 범죄 사실이 드러나자 그는 **자취를 감추고 숨었다**. (　　　　)

(2) 여러 생각들이 **계속 이어져서** 잠이 오지 않는다. (　　　　)

(3) 막다른 골목에 몰린 도둑은 **궁지에서 벗어날 수 없는 처지**였다. (　　　　)

**8** 다음 문장에서 밑줄 친 부분을 바르게 고쳐 써 보세요.

(1) 야구팬인 현지는 야구 얘기만 나오면 침을 **삼키며** 흥분했다.

→ ☐☐☐

(2) 가방 안에 넣어 둔 책이 쥐도 **꼬리도** 모르게 없어져서 수지는 당황했다.

→ ☐☐

(3) 배가 고팠던 현우는 치킨 냄새가 나자 침을 꼴깍 **발라 놓았다**.

→ ☐☐☐

(4) 다혜는 길을 걷던 중에 쾅 소리가 들리자 간이 **기별만** 해졌다.

→ ☐☐☐

**9** 다음 글에서 지호의 상황에 어울리는 관용어는 무엇인지 골라 보세요. ( )

"지호야, 이거 내가 제일 좋아하는 과자거든. 먹어 봐. 진짜 맛있어."

"조금만 더 줄래? 고작 한 개 먹었더니 무슨 맛인지 잘 모르겠어."

① 침 발라 놓다

② 꼬리를 밟히다

③ 간에 기별도 안 가다

④ 독 안에 든 쥐

# 동물과 관련된 관용어

　관용어를 적절하게 사용해서 말하면 자신의 생각을 짧은 말로 정리할 수 있고, 전하고 싶은 내용을 효과적으로 표현할 수 있어요. 그리고 관용어에는 재미있는 표현이 많아서 듣는 사람의 관심을 불러일으킬 수 있어요. 앞서 배운 관용어 외에 동물과 관련된 관용어는 어떤 것이 있는지 더 알아볼까요?

## 병아리 눈물만큼

뜻 매우 적은 수량을 비유적으로 이르는 말.

예 비가 병아리 눈물만큼 와서
　　우산 없이 나가도 괜찮을 것 같다.

## 놀란 토끼 눈을 하다

뜻 뜻밖이거나 놀라 눈을 크게 뜨다.

예 우연히 고향 친구를 만난 민수는
　　놀란 토끼 눈을 하고 친구를 쳐다보았다.

## 고양이와 개

뜻 서로 앙숙인 관계를 이르는 말.

예 재윤이와 영균이는 고양이와 개의 관계이다.

# 관용어 진단 평가

QR코드를 스캔하거나
키출판사 홈페이지를 방문하여
추가 진단 평가도 풀어 보세요.
(www.keymedia.co.kr)

# 관용어 진단 평가

( )초등학교 ( )학년 ( )반 이름( )

- 문제를 잘 읽고 괄호 안에 알맞은 답을 쓰세요.
- 정답과 해설은 144쪽을 참고하세요.
- 총 16문제입니다.

**1** 다음 뜻풀이에 알맞은 관용어는 무엇인가요?
.............................................( )

> 돌아오는 이득이 아무것도 없다.

① 불을 넣다      ② 떡이 생기다
③ 밥 구경을 하다      ④ 국물도 없다

**2** 다음 뜻풀이에 알맞은 관용어는 무엇인가요?
.............................................( )

> 숨겼던 행적을 들키다.

① 침을 튀기다      ② 꼬리를 밟히다
③ 죽 끓듯 하다      ④ 떡 주무르듯 하다

**3** 빈칸에 들어갈 알맞은 말은 무엇인가요? ........( )

> 윤아는 돈을 ☐ 쓰듯 해서 이번 달 용돈을 벌써 다 쓰고 말았다.

① 물      ② 국
③ 간      ④ 문

**4** 빈칸에 들어갈 알맞은 말은 무엇인가요? ........( )

> 이모께서는 오랫동안 운영하셨던 식당 ☐을 닫고, 새로운 일을 시작하셨다.

① 침      ② 땅
③ 문      ④ 칼

**5** 빈칸에 공통으로 들어갈 알맞은 말은 무엇인가요?
.............................................( )

> - 송희는 거짓말을 ☐ 먹듯 한다.
> - 경주는 ☐이 생기는 일이라면 무엇이든 했다.

① 칼      ② 돈방석
③ 죽      ④ 떡

**6** 밑줄 친 ㉠과 뜻이 비슷한 말은 무엇인가요?
.............................................( )

> 범인은 경찰이 도착하기 전에 결정적인 증거를 ㉠**쥐도 새도 모르게** 전부 없앴다.

① 늘 하듯이 쉽게
② 몹시 두려워져서
③ 아무도 알 수 없게 감쪽같이
④ 아주 분하고 억울해서

**7** 밑줄 친 ㉠과 뜻이 비슷한 말은 무엇인가요?

..................................................... ( )

> 농구 팬인 경규는 농구와 관련된 얘기가 나올 때마다 ㉠**침을 튀기며** 흥분했다.

① 열을 올리며 말하면서

② 계속 이어지면서

③ 함께 생활하면서

④ 한숨을 몹시 깊게 쉬면서

**8** ㉠과 ㉡에 들어갈 알맞은 말은 무엇인가요? …( )

> • 연구 결과를 조작했다는 사실이 밝혀지자 그 과학자의 권위는  ㉠  에 떨어졌다.
>
> • 승주는  ㉡  가 가벼우므로 당분간 돈을 아껴야겠다고 생각했다.

|   | ㉠ | ㉡ |
|---|---|---|
| ① | 불 | 주머니 |
| ② | 물 | 꼬리 |
| ③ | 하늘 | 쥐 |
| ④ | 땅 | 주머니 |

**9** ㉠과 ㉡에 들어갈 알맞은 말은 무엇인가요? …( )

> • 초보 운전자인 명훈이는 운전을 할 때마다  ㉠  이 콩알만 해졌다.
>
> • 할아버지께서 방에  ㉡  을 넣어 주시니까 방이 금세 따뜻해졌다.

|   | ㉠ | ㉡ |
|---|---|---|
| ① | 침 | 죽 |
| ② | 간 | 불 |
| ③ | 떡 | 방석 |
| ④ | 칼 | 물 |

**10** 빈칸에 들어갈 알맞은 말은 무엇인가요? ……( )

> "유정아, 음악 시험은 잘 봤어?"
>
> "아니, 완전히 [     ] 너무 긴장해서 처음부터 가사를 까먹었거든. 속상해."

① 문을 두드렸어.

② 죽을 쑤었어.

③ 간에 기별도 안 갔어.

④ 침 발라 놓았어.

**11** 희민이의 상황에 어울리는 관용어는 무엇인가요?

..................................................... ( )

> "희민아, 기분 좋은 일 있니?"
>
> "응. 엄마가 시험을 잘 보면 용돈을 주시겠다고 했었는데, 어제 용돈을 그냥 주시지 뭐야."

① 불을 끄다

② 물 만난 고기

③ 하늘에서 뚝 떨어지다

④ 쥐구멍을 찾다

**12** 소담이의 상황에 어울리는 관용어는 무엇인가요?

..................................................... ( )

> 오늘 축구 시합에서 소담이가 실수를 하는 바람에 소담이네 반이 지고 말았어요. 소담이는 친구들에게 미안하고 마음이 불편했어요.

① 가시방석에 앉다

② 김칫국부터 마신다

③ 칼을 빼 들다

④ 주머니가 넉넉하다

※ 다음 글을 읽고 질문에 답하세요. [13~14]

전학 온 승호가 야구팀에 들어오면서 승호와 연규는  ㉠  을 먹는 사이가 되었어요. 합숙 훈련을 하면서 두 사람은 매우 친해졌어요.

그런데 서로 다른 중학교에 입학하면서 두 사람은 각각 다른 팀에서 활동하게 되었어요. 지난 시합에서는 승호네 야구팀이 이겼어요. 연규네 팀은 다음 시합에서는 꼭 이기고 말겠다며 칼을  ㉡

다시 시합 날짜가 잡히자 연규네 야구팀은 연습을  ㉢  먹듯 했어요. 그 결과, 이번 시합에서는 연규네 팀이 승호네 팀을 이겼답니다.

※ 다음 글을 읽고 질문에 답하세요. [15~16]

바다를 다스리는 용왕이 큰 병에 걸렸어요. 의원은 용왕이 낫기 위해서는 토끼의 간을 먹어야 한다고 했어요. 용왕의 명령으로 신하인 자라가 토끼를 찾으러 육지로 갔어요. 자라는 토끼에게 용궁 구경을 시켜 주겠다며 거짓말을 했어요. 토끼는 그 말에 속아 용궁으로 갔지요.

토끼는 용왕이 자신의 간을 가져가려고 한다는 것을 알게 됐어요. ㉠**겁이 없고 용감한** 토끼는 침착하게 빠져나갈 방법을 생각했어요. 육지에 간을 두고 왔다면서, 믿기지 않는다면 자신의 배를 갈라 보라고 했지요. 토끼에게 속은 용왕은 자라와 함께 육지에 가서 간을 가져오라고 했어요. 하지만 자라가 육지에 도착했을 땐 토끼가 ㉡**꼬리를 감춘 뒤였어요.**

**13** ㉠에 들어갈 알맞은 말은 무엇인가요? ·········· (     )

① 김칫국
② 미역국
③ 한솥밥
④ 떡

**15** ㉠과 바꾸어 쓸 수 있는 말은 무엇인가요? ······ (     )

① 문을 닫은
② 하늘이 노래진
③ 독 안에 든 쥐인
④ 간이 큰

**14** ㉡과 ㉢에 들어갈 알맞은 말은 무엇인가요? ··· (     )

|   | ㉡ | ㉢ |
|---|---|---|
| ① | 빼 들었어요. | 죽 |
| ② | 갈았어요. | 밥 |
| ③ | 두드렸어요. | 물 |
| ④ | 감췄어요. | 불 |

**16** ㉡의 의미로 알맞은 것은 무엇인가요? ·········· (     )

① 급한 문제를 해결한 뒤였어요.
② 자기 소유임을 표시한 뒤였어요.
③ 자취를 감추고 숨은 뒤였어요.
④ 가진 돈을 모두 내놓은 뒤였어요.

초등 국어 어휘력이 독해력이다 ➕플러스

# 관용어편 ②

# 정답과 해설

# 1단원

## 어휘 학습

1 국

2 (1) 국물도 없다.
  (2) 김칫국부터 마신다.
  (3) 미역국을 먹다.

3 (1) 국물
  (2) 미역국
  (3) 김칫국

## 어휘 적용

4 ③
5 ①
6 ③
7 ②

## 독해력 키우기

8 ④
9 ②
10 (1) ○  (2) ○  (3) ✕  (4) ○
11 제자 원리
12 ①

## 어휘 학습

1 떡

2 (1) 떡이 생기다.
  (2) 떡 주무르듯 하다.
  (3) 떡 먹듯

3 (1) 주무르듯
  (2) 생기는
  (3) 먹듯

## 어휘 적용

4 ①
5 ②
6 ②
7 ③

## 독해력 키우기

8 ④
9 ③
10 ①, ③
11 뿌듯함
12 ②

---

5 '떡 줄 사람은 생각지도 않는데 김칫국부터 마신다'는 '해 줄 사람은 생각지도 않는데 미리부터 해 줄 것이라고 알고 행동한다'는 뜻의 속담입니다.

6 ㉠에서는 자신이 싫어하는 사람에겐, ㉡에서는 성과를 내지 못한 사람에겐 돌아오는 이득이 없을 것이라고 말하고 있으므로 관용어 '국물도 없다'와 어울립니다. 따라서 ㉠, ㉡ 모두 관용어를 사용한 문장입니다.

9 ④ '국수를 먹다'는 결혼식을 올린다는 뜻입니다.

10 (3) 자음 'ㅁ'은 입, 'ㅇ'은 목구멍의 모양을 본떠 만들었다고 했으므로 옳지 않습니다.

6 ㉠ 이 문장에서 떡은 '곡식 가루로 만든 음식', 즉 실제 음식을 뜻하므로 관용어를 사용하지 않은 문장입니다.
㉡ 윤호가 아무것도 하지 않으면서 뜻밖에 이익이 생기기를 기다리고 있다는 뜻이므로 관용어 '떡이 생기다'를 사용한 문장입니다.

10 ② 주영이는 날씨가 더워지자 자전거를 타지 않았다고 했으므로 옳지 않습니다.
④ 주영이는 자신과 한 약속을 지키기 위해 다시 자전거를 타기 시작했다고 했으므로 옳지 않습니다.

12 ④ '그림의 떡'은 아무리 마음에 들어도 이용할 수 없거나 차지할 수 없는 경우를 뜻합니다.

## 어휘 학습

1 밥

2 (1) 밥 먹듯 하다.
   (2) 밥 구경을 하다.
   (3) 한솥밥을 먹다.

3 (1) 한솥밥을
   (2) 먹듯
   (3) 구경을

## 어휘 적용

4 ②

5 ③

6 ②

7 ①

## 독해력 키우기

8 ③

9 ④

10 (1) 나래    (2) 다원    (3) 지형

11 쓰임새

12 ①

## 어휘 학습

1 죽

2 (1) 죽도 밥도 안 되다.
   (2) 죽을 쑤다.
   (3) 죽 끓듯 하다.

3 (1) 끓듯 했다
   (2) 밥도 안 된다
   (3) 쑤었다

## 어휘 적용

4 ③

5 ①

6 ②

7 ①

## 독해력 키우기

8 ②

9 ④

10 ① → ③ → ④ → ②

11 본래

12 ③

6  현우는 형이 운동을 자주 하더니 국가 대표 선수가 됐다고 말하고 있으므로 관용어 '밥 먹듯 하다'로 바꿔 말해야 합니다.

12  ③ '밥을 주다'는 시계가 정상적으로 작동하도록 태엽을 감아 준다는 뜻입니다.

6  ㉠ 할머니께서 죽을 만들어서 가져다주셨다는 뜻이므로 관용어를 사용하지 않은 문장입니다.
   ㉡ 농구 시합을 망쳤다는 뜻이므로 관용어 '죽을 쑤다'를 사용한 문장입니다.

12  ① '식은 죽 먹기'는 거리낌 없이 아주 쉽게 하는 모양을 뜻합니다.

**1**　(1) 돌아오는 이득이 아무것도 없다.
　　(2) 늘 하듯이 쉽게.
　　(3) 함께 생활하며 지내다.
　　(4) 어중간하여 이것도 저것도 안 되다.
　　(5) 시험에서 떨어지다.

**2**　(1) 떡이 생기다
　　(2) 밥 구경을 하다
　　(3) 죽을 쑤다
　　(4) 밥 먹듯 하다

**3**　(1) 떡
　　(2) 죽
　　(3) 김칫국

**4**　(순서대로) 한솥밥, 떡, 죽

**5**　(1) 쑤었다
　　(2) 구경을 한 지
　　(3) 생기는

**6**　(1) 끓듯
　　(2) 마신다
　　(3) 없을

**7**　(1) ㉢
　　(2) ㉡
　　(3) ㉠

**8**　(1) 먹듯
　　(2) 한솥밥
　　(3) 쑤었다
　　(4) 죽도 밥도

**9**　②

**9**　연준이는 단순히 케이크 상자만 보고, 친구들이 자신을 위해 생일 파티를 준비했다고 생각하고 있으므로 관용어 '김칫국부터 마신다'와 어울립니다.

# 2단원

## 어휘 학습

**1**　땅

**2**　(1) 땅이 꺼지게
　　(2) 땅을 칠 노릇
　　(3) 땅에 떨어지다.

**3**　(1) 떨어졌다
　　(2) 칠 노릇이다
　　(3) 꺼지게

## 어휘 적용

**4**　②

**5**　③

**6**　①

**7**　②

## 독해력 키우기

**8**　①

**9**　②

**10**　③

**11**　신난

**12**　④

**6**　㉠ 제품의 문제점을 숨긴 것이 드러나서 회사의 명예, 권위 등이 없어졌다는 뜻이므로 관용어 '땅에 떨어지다'를 사용한 문장입니다.
　　㉡ 새들의 깃털이 땅으로, 즉 바닥으로 떨어졌다는 뜻이므로 관용어를 사용하지 않은 문장입니다.

**10**　③ 호랑이가 불에 구운 돌멩이 때문에 고통스러워하자 토끼는 호랑이가 어리석다며 비웃었으므로 옳지 않습니다.

**12**　② '땅 짚고 헤엄치기'는 아주 쉬운 일을 뜻하는 속담입니다.

## 어휘 학습

1 물

2 (1) 물과 기름
   (2) 물 만난 고기
   (3) 물 쓰듯 하다.

3 (1) 만난 고기
   (2) 쓰듯 한다
   (3) 기름

## 어휘 적용

4 ②

5 ②

6 ①

7 ③

## 독해력 키우기

8 ①

9 ③

10 ②, ④

11 어린아이들 ('아이'가 포함되면 정답으로 인정)

12 ④

## 어휘 학습

1 불

2 (1) 불 보듯 뻔하다.
   (2) 불을 넣다.
   (3) 불을 끄다.

3 (1) 보듯 뻔하다
   (2) 껐다
   (3) 넣었다

## 어휘 적용

4 ①

5 ②

6 ②

7 ③

## 독해력 키우기

8 ③

9 ①

10 (1) ○     (2) ✕     (3) ○     (4) ✕

11 인권

12 ④

---

6 예서는 아빠가 예전에 축구 선수였기 때문에 축구 동호회에 가면 신나 보인다고 말하고 있으므로 '능력을 발휘할 만한 좋은 환경을 만난 사람'이라는 뜻의 관용어 '물 만난 고기'로 바꿔 말해야 합니다.

9 ④ '물에 빠진 생쥐'는 물에 흠뻑 젖어 매우 초라해 보이는 모습을 뜻합니다.

10 ① 표지에 쓰인 '자라지 않는 단 한 아이'는 주인공인 피터 팬이라고 했으므로 옳지 않습니다.
③ 후크 선장은 한쪽 손을 잃어서 갈고리 모양의 손을 달고 있다고 했으므로 옳지 않습니다.

6 ㉠ 소방관이 소방 호스로 물을 뿌려서 화재를 진압했다는 뜻이므로 관용어를 사용하지 않은 문장입니다.
㉡ 재규가 급한 일을 해결하느라 약속에 늦었다는 뜻이므로 관용어 '불을 끄다'를 사용한 문장입니다.

10 (2) 난방 시설이 제대로 작동되지 않아서 겨울에도 차가운 물만 나온다고 했으므로 옳지 않습니다.
(4) 윤희는 현재 경로당의 시설이 노후화됐으니 수리가 필요하다고 말하고 있으므로 옳지 않습니다.

12 ③ '불을 지르다'는 마음속에 강한 느낌을 갖게 한다는 뜻입니다.

## 어휘 학습

1 하늘

2 (1) 하늘에서 뚝 떨어지다.
(2) 하늘을 찌르다.
(3) 하늘이 노래지다.

3 (1) 찌를
(2) 노래졌다
(3) 뚝 떨어지기를

## 어휘 적용

4 ③

5 ①

6 ②

7 ①

## 독해력 키우기

8 ④

9 ②

10 ④ → ③ → ① → ②

11 사자자리

12 ①

6 ㉠ 빗방울이 하늘에서 바닥으로 떨어졌다는 뜻이므로 관용어를 사용하지 않은 문장입니다.
㉡ 성공은 노력 없이 갑자기 얻을 수 있는 것이 아니라 열심히 노력해야 얻을 수 있다는 뜻이므로 관용어 '하늘에서 뚝 떨어지다'를 사용한 문장입니다.

9 ③ '하늘 높은 줄 모르다'는 자기의 분수를 모른다는 뜻입니다.

1 (1) 한숨을 쉴 때 몹시 깊고 크게.
(2) 서로 어울리지 못하는 사이.
(3) 의심할 것 없이 확실하다.
(4) 따뜻하게 하기 위해 난방을 하다.
(5) 기세가 매우 대단하다.

2 (1) 땅을 칠 노릇
(2) 물 쓰듯 하다
(3) 불을 끄다
(4) 하늘이 노래지다

3 (1) 땅
(2) 물
(3) 하늘

4 (순서대로) 땅, 불, 하늘

5 (1) 쓰듯 하더니
(2) 넣었더니
(3) 찌른다.

6 (1) 떨어졌다
(2) 껐다
(3) 만난

7 (1) ㉠
(2) ㉢
(3) ㉡

8 (1) 노래졌다
(2) 떨어지기를
(3) 넣어서
(4) 쓰듯 했다

9 ④

9 지수는 무대 위에 있을 때 자신의 능력을 제대로 발휘할 수 있다고 했으므로 관용어 '물 만난 고기'와 어울립니다.

# 3단원

<table>
<tr><td>11</td><td>방석과 관련된 관용어</td><td>70쪽</td></tr>
</table>

## 어휘 학습

1   방석

2   (1) 돈방석에 앉다.
    (2) 가시방석에 앉다.
    (3) 비단 방석에 앉다.

3   (1) 돈방석
    (2) 가시방석
    (3) 비단 방석

## 어휘 적용

4   ③

5   ②

6   ③

7   ①

## 독해력 키우기

8   ②

9   ④

10   ①, ④

11   절약

12   ③

---

<table>
<tr><td>12</td><td>주머니와 관련된 관용어</td><td>76쪽</td></tr>
</table>

## 어휘 학습

1   주머니

2   (1) 주머니를 털다.
    (2) 주머니가 가볍다.
    (3) 주머니가 넉넉하다.

3   (1) 가벼워서
    (2) 털어서
    (3) 넉넉해

## 어휘 적용

4   ③

5   ③

6   ②

7   ②

## 독해력 키우기

8   ①

9   ③

10   ①, ②

11   목표

12   ④

---

6   은지는 자신의 실수로 일이 잘못되어서, 명수는 숙제를 하지 않아서 마음이 불안하고 초조한 상황입니다. 따라서 은지와 명수 둘 다 관용어 '가시방석에 앉다'를 바르게 사용했습니다.

10   ① 선생님께서 알뜰 시장에서 파는 물건은 이미 사용한 물건이므로, 가격은 비싸지 않고 적절하게 정하는 것이 좋다고 하셨으므로 옳지 않습니다.
④ 승재는 동화책 다섯 권, 놀이용 딱지 열 개를 팔아서 4천 원을 벌었다고 했으므로 옳지 않습니다.

12   ④ '앞 방석을 차지하다'는 비서의 역할을 한다는 뜻입니다.

6   ㉠ 주머니에 든 사탕을 먹어서 주머니의 무게가 가벼워졌단 뜻이므로 관용어를 사용하지 않은 문장입니다.
㉡ 돈을 많이 써서 가지고 있는 돈이 적다는 뜻이므로 관용어 '주머니가 가볍다'를 사용한 문장입니다.

9   ④ '주머니 사정이 나쁘다'는 돈을 쓸 형편이 되지 않는다는 뜻입니다.

10   ③ 일반 환자도 진료한다고 했으므로 옳지 않습니다.
④ 십 년째 소외 계층을 위해 기부를 하고 있다고 했으므로 옳지 않습니다.

## 어휘 학습

1 문

2 (1) 문이 좁다.
   (2) 문을 두드리다.
   (3) 문을 닫다.

3 (1) 닫았다
   (2) 두드렸다
   (3) 좁기

## 어휘 적용

4 ①
5 ③
6 ①
7 ①

## 독해력 키우기

8 ②
9 ③
10 (1) 북    (2) 남    (3) 남    (4) 북
11 교통
12 ①

6 ㉠ 경영하던 공장을 폐업했다는 뜻이므로 관용어 '문을 닫다'를 사용한 문장입니다.
㉡ 사람이 드나들거나 물건을 넣었다 꺼냈다 하기 위해 틔워 놓은 '문'을 닫았다는 뜻이므로 관용어를 사용하지 않은 문장입니다.

12 ③ '마음의 문을 열다'는 마음에 느끼던 거리감을 없애고 다른 사람을 받아들일 태도가 되었다는 뜻입니다.

---

## 어휘 학습

1 칼

2 (1) 칼을 갈다.
   (2) 칼 같다.
   (3) 칼을 빼 들다.

3 (1) 같았다
   (2) 갈며
   (3) 빼 들었다

## 어휘 적용

4 ③
5 ③
6 ①
7 ②

## 독해력 키우기

8 ④
9 ①
10 ② → ④ → ③ → ①
11 평형
12 ③

6 ㉠ 1등을 따라잡기 위해 독한 마음을 먹었다는 뜻이므로 관용어 '칼을 갈다'를 사용한 문장입니다.
㉡ 무뎌진 칼날을 다시 날카롭게 만들기 위해서 돌을 이용해 칼날을 갈았다는 뜻이므로 관용어를 사용하지 않은 문장입니다.

12 ④ '칼로 물 베기'는 다투었다가도 시간이 조금 지나 곧 사이가 다시 좋아지는 경우를 이르는 속담입니다.

## 15 확인 학습 94쪽

1  (1) 썩 많은 돈을 가져 안락한 처지가 되다.
   (2) 가지고 있는 돈을 모두 내놓다.
   (3) 이루어질 확률이 낮다.
   (4) 일을 이루기 위해 독한 마음을 먹다.
   (5) 가지고 있는 돈이 적다.

2  (1) 칼을 빼 들다
   (2) 문을 닫다
   (3) 주머니가 넉넉하다
   (4) 비단 방석에 앉다

3  (1) 돈방석
   (2) 문
   (3) 주머니

4  (순서대로) 칼, 가시방석, 주머니

5  (1) 좁다.
   (2) 갈며
   (3) 가벼워서

6  (1) 닫았다
   (2) 빼 들었다
   (3) 털어서

7  (1) ㉡
   (2) ㉢
   (3) ㉠

8  (1) 비단 방석
   (2) 두드린
   (3) 넉넉해서
   (4) 좁아서

9  ①

9  해은이는 이번 대회에서 1등을 하기 위해 열심히 연습했다고 말하고 있으므로 '일을 이루기 위해 독한 마음을 먹다'는 뜻의 관용어 '칼을 갈다'와 어울립니다.

## 16 간과 관련된 관용어 100쪽

### 어휘 학습

1  간

2  (1) 간이 콩알만 해지다.
   (2) 간이 크다.
   (3) 간에 기별도 안 가다.

3  (1) 기별도 안 간다
   (2) 큰
   (3) 콩알만 해졌다

### 어휘 적용

4  ②

5  ①

6  ①

7  ③

### 독해력 키우기

8  ④

9  ③

10  ②, ④

11  양보

12  ①

6  병호는 영화에서 갑자기 귀신이 나와서 깜짝 놀랐고 무서웠다고 말하고 있으므로 관용어 '간이 콩알만 해지다'로 바꿔 말해야 합니다.

10  ① 자신이 느낀 점을 중심으로 썼기에 옳지 않습니다.
   ② 어머니가 아닌 호랑이라는 것을 알아차렸을 때, 자신이었다면 무서워했을 텐데 주인공은 겁내지 않았다고 비교하면서 썼으므로 옳습니다.
   ③ 위험한 상황에서도 동생을 먼저 챙기는 오빠의 모습이 가장 인상 깊었다고 했으므로 옳지 않습니다.

12  ② '간을 꺼내어 주다'는 무엇이든 아낌없이 해 준다는 뜻입니다.

## 어휘 학습

1  침

2  (1) 침을 튀기다.
   (2) 침을 삼키다.
   (3) 침 발라 놓다.

3  (1) 발라 놓고
   (2) 튀기며
   (3) 삼키며

## 어휘 적용

4  ③
5  ②
6  ②
7  ③

## 독해력 키우기

8  ③
9  ④
10  ③ → ① → ② → ④
11  장경판전
12  ②

## 어휘 학습

1  꼬리

2  (1) 꼬리에 꼬리를 물다.
   (2) 꼬리를 감추다.
   (3) 꼬리를 밟히다.

3  (1) 감추고
   (2) 꼬리를 물고
   (3) 밟혔다

## 어휘 적용

4  ③
5  ③
6  ②
7  ①

## 독해력 키우기

8  ①, ③
9  ③
10  ②, ④
11  양치질
12  ④

6  ㉠ 기은이는 감기에 걸려서 침을 목구멍 뒤로 삼킬 때마다 목이 아프다고 한 것이므로 관용어를 사용하지 않은 문장입니다.
㉡ 송주가 가게에 전시된 장난감을 보고 몹시 가지고 싶어 했다는 뜻이므로 관용어 '침을 삼키다'를 사용한 문장입니다.

12  ③ '침을 뱉다'는 아주 치사하거나 더럽다고 생각해서 업신여기고 깔본다는 뜻입니다.

6  ㉠ 강아지의 몸뚱이의 뒤 끝에 붙은 꼬리를 밟았다고 말하고 있으므로 관용어를 사용하지 않은 문장입니다.
㉡ 훔친 물건을 온라인 판매 사이트에 올리는 바람에 물건을 훔친 행적을 들켰다는 뜻이므로 관용어 '꼬리를 밟히다'를 사용한 문장입니다.

9  ④ '꼬리가 길다'는 못된 짓을 오래 두고 계속한다는 뜻입니다.

10  ② 의사 선생님께서는 유진이의 입 안을 살펴보시더니 충치가 한 개 있다고 하셨으므로 옳지 않습니다.
④ 의사 선생님께서는 유치가 빠지면 영구치가 난다고 하셨으므로 옳지 않습니다.

## 어휘 학습

1   쥐

2   (1) 쥐도 새도 모르게
    (2) 쥐구멍을 찾다.
    (3) 독 안에 든 쥐

3   (1) 새도 모르게
    (2) 쥐구멍을
    (3) 독 안에 든

## 어휘 적용

4   ①

5   ①

6   ③

7   ②

## 독해력 키우기

8   ④

9   ②

10  (1) ○    (2) ○    (3) ✕    (4) ✕

11  식충 또는 벌레잡이

12  ④

6   ㉠에서는 결정적인 증거를, ㉡에서는 할인 혜택을 아무도 알 수 없게 감쪽같이 없었다고 말하고 있으므로 관용어 '쥐도 새도 모르게'와 어울립니다. 따라서 ㉠, ㉡ 모두 관용어를 사용한 문장입니다.

9   ③ '쥐구멍에도 볕 들 날 있다'는 몹시 고생을 하는 삶도 좋은 운수가 터질 날이 있다는 뜻의 속담입니다.

10  (3) 꿀샘은 잎 가장자리에 있고 향긋한 냄새를 풍겨서 곤충이 오게끔 한다고 했으므로 옳지 않습니다.
    (4) 줄기 안쪽이 아닌 잎 안쪽이 매우 미끄럽다고 했으므로 옳지 않습니다.

---

1   (1) 너무 조금 먹어서 먹은 것 같지도 않다.
    (2) 자기 소유임을 표시하다.
    (3) 계속 이어지다.
    (4) 아무도 알 수 없게 감쪽같이.
    (5) 몹시 두려워지거나 무서워지다.

2   (1) 독 안에 든 쥐
    (2) 간이 크다
    (3) 꼬리를 밟히다
    (4) 침을 삼키다

3   (1) 침
    (2) 꼬리
    (3) 쥐구멍

4   (순서대로) 침, 쥐, 간

5   (1) 기별도 안 가게
    (2) 물고
    (3) 삼켰다.

6   (1) 커서
    (2) 밟혔다
    (3) 찾고

7   (1) ㉠
    (2) ㉡
    (3) ㉢

8   (1) 튀기며
    (2) 새도
    (3) 삼켰다
    (4) 콩알만

9   ③

9   지호는 과자를 너무 조금 먹어서 먹은 것 같지도 않다고 말하고 있으므로 관용어 '간에 기별도 안 가다'와 어울립니다.

| | |
|---|---|
| 1 | ④ |
| 2 | ② |
| 3 | ① |
| 4 | ③ |
| 5 | ④ |
| 6 | ③ |
| 7 | ① |
| 8 | ④ |
| 9 | ② |
| 10 | ② |
| 11 | ③ |
| 12 | ① |
| 13 | ③ |
| 14 | ② |
| 15 | ④ |
| 16 | ③ |

**10** 유정이는 음악 시험을 볼 때 긴장해서 가사를 까먹었다고 했으므로 관용어 '죽을 쑤다'가 맞습니다.

**11** 희민이는 시험을 잘 보면 용돈을 받기로 했었지만, 어제 엄마께서 용돈을 그냥 주셨다고 했습니다. 큰 노력을 하지 않았는데도 성과를 얻게 된 상황이므로 관용어 '하늘에서 뚝 떨어지다'가 맞습니다.

**12** 소담이가 실수하는 바람에 소담이네 반이 져서 소담이의 마음이 불편한 상황이므로 관용어 '가시방석에 앉다'가 맞습니다.

**13** 승호와 연규가 같은 야구팀이 되었으므로 '함께 생활하며 지내다'라는 뜻의 관용어 '한솥밥을 먹다'가 맞습니다.

**14** ⓒ 연규네 야구팀이 이번 시합에서는 졌지만 다음 시합에서는 꼭 이기겠다고 다짐하는 상황이므로 '일을 이루기 위해 독한 마음을 먹다'라는 뜻의 관용어 '칼을 갈다'가 맞습니다.
ⓒ 연규네 야구팀이 연습을 많이 했다는 뜻이므로 '어떤 일을 아주 자주 하다'라는 뜻의 관용어 '밥 먹듯 하다'가 맞습니다.

**15** ① 관용어 '문을 닫다'의 뜻은 '경영하던 일을 그만두고 폐업하다'입니다.
② 관용어 '하늘이 노래지다'의 뜻은 '갑자기 큰 충격을 받아 정신이 아찔하게 되다'입니다.
③ 관용어 '독 안에 든 쥐'의 뜻은 '궁지에서 벗어날 수 없는 처지'입니다.

**16** ① '급한 문제를 해결하다'는 관용어 '불을 끄다'의 뜻풀이입니다.
② '자기 소유임을 표시하다'는 관용어 '침 발라 놓다'의 뜻풀이입니다.
④ '가지고 있는 돈을 모두 내놓다'는 관용어 '주머니를 털다'의 뜻풀이입니다.